ORTHOREXIE

ORTHOREXIE

Renee McGregor

Quand manger sain
devient obsessionnel

DUNOD

Orthorexia: When Healthy Eating Goes Bad

First published in the UK and USA in 2017 by Nourish,
an imprint of Watkins Media Ltd
www.nourishbooks.com

Traduction française Morvan Salez

Illustration de couverture : © Shutterstock.com – Yuganov Konstantin

11 rue Paul Bert, 92240 Malakoff
www.dunod.com

ISBN 978-2-10-077900-0

Sommaire

Préface de Bee Wilson

A-T-IL jamais été aussi compliqué de manger que de nos jours ? Marcher dans une ville moderne, c'est être bombardé *d'options* de nourriture de toutes sortes. On peut sentir le pouls d'une anxiété diffuse autour de ce que nous ingérons et des effets que cela aura sur nos corps, avec beaucoup d'affirmations que certaines choses seraient « bonnes » (disons, l'avocat) et plus encore que d'autres seraient « mauvaises » (le sucre). Et nous n'avons pas totalement tort de considérer avec suspicion notre approvisionnement moderne en nourriture. Il n'y a jamais eu autant de personnes malades, non pas de sous-nutrition, mais de surnutrition, avec des épidémies exponentielles de diabète de type 2 et d'autres problèmes de santé en lien avec l'alimentation, partout sur la planète.

Dans notre monde on rencontre la « nourriture » partout, et pourtant elle est devenue quelque chose sur quoi nous ne pouvons plus automatiquement compter pour nous nourrir et nous rendre forts. Rien d'étonnant à ce qu'aujourd'hui, la question de ce que nous devons manger rende beaucoup d'entre nous désorientés et insatisfaits. On est tenté de croire qu'il existe, quelque part, un ensemble de règles alimentaires idéales qui feraient disparaître tous nos dilemmes.

Des époques complexes comme celle-ci sont du pain béni pour les gourous qui promettent des solutions faciles. Mais ces solutions s'avèrent moins faciles qu'elles n'en ont l'air au premier abord. De plus, ce ne sont pas de vraies réponses, mais des idées dangereuses générant une foule de nouveaux problèmes. Si nos alimentations modernes manquent de légumes, alors peut-être, suggèrent ces gourous, la réponse est-elle un régime ne comportant *rien que* des légumes ?

Les médias sociaux regorgent de prophètes du bien-être nous promettant la santé ultime – et une peau lumineuse en prime ! – pourvu que nous parvenions à nous passer de tous les hydrates de carbone et des sucres et à vivre d'ingrédients comme l'huile de coco, le chou et les légumes spiralisés. Nos cerveaux sont pris d'assaut par des messages incessants et embrouillés concernant la nourriture. Ce devrait être une telle source de joie simple, un plaisir humain universel, qu'il est triste que pour tant de monde, le seul fait de manger soit au contraire devenu une chose dont il faut en permanence se sentir coupable et effrayé. Toute personne essayant de développer un rapport équilibré à la nourriture doit trouver son propre chemin entre les extrêmes.

La peur de la nourriture est une réaction parfaitement compréhensible dans le contexte alimentaire où nous vivons, surtout pour quiconque endure d'autres formes de stress dans sa vie. Mais c'est aussi le début d'un état d'esprit profondément déstructuré et destructeur, comme l'explique avec tant de calme et d'expertise Renee McGregor dans ce livre qui vient à point nommé. Orthorexia nervosa – une pathologie où les individus sont obsédés par l'idée de « manger propre » au point de limiter sévèrement leurs apports – n'est peut-être pas une maladie aussi connue qu'anorexia nervosa, mais elle peut être physiquement et mentalement débilitante pour les personnes qui en souffrent.

Ce qui rend l'orthorexie plus difficile encore à diagnostiquer et à soigner, c'est que pour beaucoup de monde et vu de l'extérieur, ces formes de comportement orthorexiques semblent normales et même respectables. Ces dernières années, les listes de best-sellers en Grande-Bretagne ont été dominées par des livres sur le thème de « manger propre » (même si nombre de ces auteurs ont entre-temps désavoué la formule). Il est devenu presque courant de suggérer que le chemin vers la bonne santé consiste à supprimer des catégories entières de nourriture, allant du pain au sucre en passant par le gluten, ou tous les hydrates de carbone.

Que signifie seulement « manger propre » ? Les définitions varient selon qui essaie de vendre quoi. Pour certains gourous d'Instagram, « manger propre » est toujours végétalien[1] et « à base de plantes », alors que pour d'autres, cela inclut certains types de viandes. Mais l'idée fondamentale est qu'il existe quelque part une façon de manger idéalement pure, qui vous protégera et vous apportera peut-être même la longévité. La plupart des « experts » du manger-propre conseillent de construire votre régime alimentaire sur les légumes le plus frais et le plus bio possible, sur les huiles extra-vierges à première pression à froid. Vu comme ça c'est top – après tout nous pouvons tous nous permettre de manger quelques légumes en plus et un peu moins de sucre – mais comme Nigella Lawson l'a remarqué avec sagesse, « manger propre » est basé sur une vision foncièrement erronée à la fois de la nourriture et de la vie. Comme l'a écrit Lawson en 2016 : « La nourriture n'est pas sale, les plaisirs de la chair sont essentiels à la vie.

---

1. NdÉ : en anglais, le terme « vegan » désigne à la fois l'alimentation végétale et le mode de vie, tandis qu'en français une distinction est faite : on utilise « végétalisme » pour définir le régime alimentaire et « véganisme » quand s'y ajoute un mode de vie excluant tout produit d'origine animale (dans les cosmétiques, vêtements, produits ménagers, etc.).

Nous ne pouvons pas contrôler la vie en contrôlant ce que nous mangeons. »

J'ai parlé à une jeune femme d'une vingtaine d'années, qui me disait que l'expérience d'un dîner au restaurant entre amies avait été ruinée par la romance que notre culture vit avec le « manger propre ». Chaque fois qu'elle essayait de commander quelque chose qui était dans le menu, l'une ou l'autre de ses amies émettait un jugement sur son choix, et lui suggérait d'opter pour quelque chose de « meilleur » : quelque chose de végétalien, quelque chose sans farine ou sans laitage, quelque chose de cru, quelque chose avec des patates douces plutôt que des pommes de terre ordinaires. Bien qu'elle fût en désaccord avec ces petites ingérences, et qu'elle ne démordit pas de la commande des pâtes dont elle avait vraiment envie, elle découvrit que son plaisir à être à ce dîner avait été gâché. Contrairement à l'anorexie, qui généralement est endurée dans un état de secret, le comportement orthorexique, comme Renee McGregor le note dans son livre, est souvent étalé en public.

Autant pour la santé mentale que pour la bonne alimentation, nous devons nous battre bec et ongles contre l'idée qu'existerait quelque chose comme l'ingrédient « parfait » ou une façon parfaite de se nourrir. Apprécier une alimentation variée n'est pas une chose dont nous devrions nous sentir coupable, c'est une composante vitale et enrichissant la vie de l'être humain. « Manger propre » – bien éloigné de sain – est une sorte de rejet de la nourriture déguisé, car il vous encourage à nier vos sens et à craindre la nourriture.

Ce livre est un guide merveilleusement utile et sage dans ce combat, que vous vous sentiez vous-même glisser vers l'orthorexie ou que vous soyez inquiet à propos d'un ami ou d'un membre de votre famille montrant des signaux de restriction alarmants dans son alimentation. Personne n'est plus qualifiée pour écrire sur ce sujet que Renee McGregor, que son travail de diététicienne a conduit à travailler avec de nombreuses personnes souffrant de troubles de l'alimentation, ainsi qu'avec des athlètes olympiques. Sa parole est une voix d'autorité et de sagesse pragmatique, un antidote à tant de ces absurdités fallacieusement étiquetées « nutrition ».

Si vous voulez comprendre pourquoi les sucres « non raffinés » ne sont pas meilleurs pour vous que la version blanche et raffinée, ou pourquoi le fait de se priver de gluten sans absolue nécessité est une mauvaise idée, ou encore pourquoi de nombreux laits d'amande ne sont guère plus que de l'eau chère payée, ce livre est pour vous. Je n'ai jamais lu d'explication plus claire de la raison pour laquelle les hydrates de carbone, loin d'être ces démons nutritionnels, sont en réalité une source d'énergie utile.

Mais ce que j'aime le plus dans ce livre est son ton de compassion. Nous sommes si nombreux, que nous souffrions d'un trouble alimentaire ou non, à manquer d'auto-compassion autour de la nourriture, comme le remarque Renee McGregor. Ses mots, qui sont plein de perspicacité sur le plan psychologique, nous encouragent à briser les règles alimentaires, à manger des glucides, et oui, surtout, à être plus doux envers nous-mêmes.

Bee Wilson
Écrivaine, journaliste et historienne culinaire

Introduction

« Food ! Glorious food ![1] »

N'EST-CE pas ce que manger devrait être ? Personnellement, les paroles de cette chanson, écrite pour l'adaptation musicale de *Oliver Twist* de Charles Dickens, me bouleversent : on réalise à travers elles combien notre rapport à la nourriture a changé depuis l'époque où les orphelins du XVIIIe siècle rêvaient de pouvoir remplir leurs ventres de « gelée froide et de crème anglaise », au lieu de leur misérable bouillie.

À l'époque de Dickens, il y avait beaucoup de pauvreté. La nourriture glorieuse, c'était le monde des classes aisées et opulentes, le symbole du succès. Disposer d'un choix abondant de nourritures garantissait la santé et la vigueur. Faisons une ellipse temporelle : aujourd'hui, il semblerait que nous soyons plus préoccupés par les aliments que nous devrions éviter ; notre statut social semble parfois se mesurer aux restrictions que nous saurons apporter à notre alimentation. En effet, par moments, il semble que nous soyons passés de « Vois dans cette fête

1. NdT : « Nourriture ! Glorieuse nourriture ! ».

de l'abondance comme je suis brillant » à « Vois comme je suis brillant : je peux me sustenter d'une feuille de laitue par jour ».

Quand cela a-t-il basculé ? Pourquoi la nourriture est-elle devenue un tel champ de mines ? Est-ce qu'il faut diminuer les nutriments ? Est-ce qu'il faut croire tous les alarmistes ? Comment en sommes-nous arrivés au stade où tant de personnes des pays développés ont perdu leur appétence pour la glorieuse nourriture ?

La nourriture a toujours joué un rôle central dans la rencontre des personnes ; des hommes des cavernes rassemblés autour de leurs feux qui rôtissaient la prise de la semaine, aux familles qui se rassemblent pour une grande occasion, ou au simple partage entre amis un dimanche.

La nourriture ne nous nourrit pas uniquement sur un plan physique, mais aussi émotionnel.

L'essor de la diversité ethnique a enrichi notre cuisine de nouveautés, en termes de saveurs, d'épices, de couleurs, d'ingrédients et de combinaisons, nous offrant un menu de possibilités culinaires en perpétuelle évolution. La nourriture est – ou du moins devrait être – excitante, inventive, créative. Pourquoi, dans ce cas, est-elle devenue un plat si amer pour tant de monde ?

Tandis que l'aventure culinaire connaissait une accélération, il en fut de même avec notre compréhension de la façon dont le corps humain fonctionne, et – parmi nombre d'autres choses concernant la formidable machine humaine – de la nutrition. Nous savons désormais, mieux que par le passé, non seulement de quelle nourriture notre corps a besoin pour être en bonne santé, mais aussi pourquoi, et comment il en a besoin. Et malgré cela, tant de confusion demeure : est-ce qu'un excès de connaissances aurait finalement porté préjudice à la nutrition ? Quand nous mangions selon ce qui était disponible et selon nos instincts (c'est-à-dire, en écoutant ce que notre corps nous racontait sur ses besoins) les choses n'étaient-elles pas plus simples et donc, peut-être, plus saines ?

Il est facile de ressasser le passé et de croire que les choses étaient mieux « avant ». En vérité, ce n'était probablement pas le cas. Savoir, *c'est* pouvoir – nous devons juste faire bon usage de ce pouvoir. Je crois pour ma part que, quand une affirmation nutritionnelle est mal comprise ou mal interprétée, ou quand un heureux hasard est présenté à tort comme une réalité nutritionnelle, cela pose problème. Et c'est ce qui se passe, me semble-t-il, dans le cas de l'orthorexie.

Cette maladie, qui officiellement n'est pas encore reconnue comme un trouble de l'alimentation mais qui en possède tous les attributs, se caractérise par une quête de la purification de soi par le biais de règles et de régimes alimentaires ; pour le dire plus simplement, c'est une obsession de l'alimentation saine.

Les troubles de l'alimentation ne sont pas un phénomène récent, et pourtant ils sont encore terriblement mal compris. On les associe souvent à des tendances passagères d'adolescentes – en fait, ils concernent les deux sexes et tous les âges. On les prend souvent pour des caprices superficiels, alors qu'en réalité ils sont une forme d'agression de soi-même, dont les racines sont profondes – la punition se manifeste à travers la restriction sur la nourriture, la purification, ou dans le cas de l'orthorexie, une privation nutritionnelle atteignant le stade de la malnutrition. (Il est choquant, je crois, de savoir que, de toutes les maladies mentales, *anorexia nervosa* est celle qui a le taux de mortalité le plus élevé.) On croit souvent que ces maladies ne concernent surtout qu'un problème d'image physique, mais en réalité, de nombreux troubles de l'alimentation sont le symptôme d'un besoin d'apaiser une douleur et un chaos qui n'ont rien à voir avec l'aspect physique, mais tout à voir avec ce qui se passe dans la tête de la personne en souffrance. Fondamentalement, tous les troubles de l'alimentation – y compris l'orthorexie – sont des maladies mentales multifactorielles.

Ce livre me permet de mettre à profit mes connaissances de la nutrition et ma grande expérience auprès d'athlètes et de personnes souffrant de troubles de l'alimentation, pour démêler le vrai du faux dans les mythes autour de l'alimentation, dans le contexte *d'orthorexia nervosa*. Ce livre vise principalement à mettre en lumière cette maladie en forte augmentation, pour aider les lecteurs à la reconnaître chez soi ou chez les autres, mais aussi parce que son potentiel s'accroît d'une façon terrifiante, dans un monde moderne où l'information, mais aussi la désinformation, sont si faciles d'accès, et où les médias sociaux nous servent des remèdes miracles et non prouvés à chaque clic de souris.

Ce livre n'a pas pour mission de permettre aux personnes de se prendre en main (vaincre l'orthorexie réclame une aide professionnelle à la fois d'experts de la santé mentale et de diététiciens, par conséquent un livre a ses limites), mais il contient certainement des éléments utiles pour y voir plus clair. Son but principal est d'éduquer, rééduquer, et faire prendre conscience.

Dans le premier chapitre, nous verrons ce qu'est l'orthorexie, d'où lui vient son nom, quelles peuvent être ses causes et ses symptômes, et comment elle se situe au regard des autres troubles de l'alimentation beaucoup mieux connus.

Au chapitre 2, nous aborderons quelques-unes, parmi les plus répandues, de ces règles et lubies nutritionnelles que j'ai vu si souvent être les commandements suivis par ceux qui souffrent d'orthorexie. Nous verrons du point de vue scientifique ce que ces régimes alimentaires font en réalité au corps – pour le meilleur et pour le pire – et nous examinerons comment chacune de ces règles est susceptible de déraper vers un mode de vie malsain et mal-nourri, dangereusement réétiqueté quête de la pureté.

Au chapitre 3, je ferai part de ma propre expertise sur ce que manger sainement veut vraiment dire, en termes de contenu d'assiette (spoiler : ça n'a rien de sexy, mais c'*est* bon pour vous), et comment utiliser la tournure d'esprit orthorexique pour réorienter les règles diététiques vers un mode de vie réellement sain, en se fixant comme objectif de reprendre le chemin du véritable bien-être et de se libérer pour de bon des troubles alimentaires.

Enfin, au chapitre 4, je conclurai par des conseils permettant de trouver une aide professionnelle, si vous soupçonnez que vous-même ou l'une de vos connaissances souffre d'orthorexie ; et quels sont mes espoirs pour l'avenir, quant à ouvrir le débat, mener plus de recherches et mettre l'accent sur cette maladie des temps modernes, grave et incapacitante.

En bref, ce livre vise à expliquer comment vouloir manger sain tourne mal, et ce que nous pouvons faire (j'espère) pour lutter contre ça.

I
Définir l'orthorexie

DEMANDEZ à une salle de cent personnes ce que signifie le mot « orthorexie », et la plupart d'entre elles vous regarderont avec perplexité, voire confusion. De fait, quand j'ai évoqué autour de moi le thème du dernier livre que j'étais en train d'écrire, j'ai surtout récolté des expressions ébahies. Rien d'anormal après tout, c'est un terme relativement nouveau qui désigne, fondamentalement, un problème relativement moderne.

Alors, qu'est-ce que l'orthorexie ? Qu'est-ce que cela signifie et d'où vient ce mot ?

En 1996, le Dr Steven Bratman, un médecin de San Francisco aux États-Unis, a inventé le terme d'*orthorexia nervosa* pour décrire les patients chez qui il avait diagnostiqué l'obsession de se nourrir sainement. « Ortho- » est un préfixe grec signifiant « vrai » ou « correct » ; et « orexie », du grec *orexis*, signifie « appétit » ou « désir ». Alors qu'*anorexie* signifie « sans appétit » (« a- » signifie « sans »), orthorexie signifie « appétit correct ». L'adjectif *nervosa* signifiant « mental », l'orthorexie mentale décrit l'obsession de l'alimentation « correcte ». Bien que le Dr Bratman n'ait jamais eu l'intention d'utiliser son nouveau terme comme diagnostic, il a constaté avec le temps qu'il avait bel et bien identifié un trouble du comportement alimentaire.

Transportons-nous une décennie plus tard, et bien que le terme orthorexie ne soit pas reconnu officiellement comme un trouble alimentaire dans le *Manuel diagnostique et statistique des troubles mentaux* (le DSM-5 ; voir l'encadré p. 23), il en partage un grand nombre de caractéristiques. Celles et ceux qui souffrent de maladies comme anorexia nervosa ou bulimia nervosa sont obsédés par l'apport en calories, par la prise de poids, et par leur image physique. Cette obsession, toutefois, est un effet secondaire : la manifestation du besoin, par la personne qui en souffre, de transférer, contrôler, et guérir une angoisse refoulée et une disharmonie quant à la perception de soi-même. En d'autres termes, ces troubles alimentaires sont avant tout de la nature des maladies mentales et non physiques.

Le tableau 1.1 identifie les similitudes et les différences entre l'orthorexie et les troubles alimentaires mieux documentés que sont l'anorexie et la boulimie. Il nous aide à voir où se situe l'orthorexie dans le spectre des maladies. De plus, chacune de ces conditions va souvent de pair avec des tendances des troubles obsessionnels compulsifs (TOC) (voir p. 24).

Qu'est-ce que le DSM-5 ?

Aboutissement de plus d'une décennie d'efforts, le DSM-5 combine l'expertise de centaines d'experts internationaux dans tous les domaines liés à la santé mentale. Leur travail incroyable, exhaustif et rigoureux, a produit un ouvrage qui définit et classifie les troubles mentaux afin d'améliorer diagnostics, traitement et recherche.

Au moment où j'écris, la dernière édition de ce volume a été augmentée en 2013 par l'Association américaine de psychiatrie, et fait universellement autorité en matière de diagnostics psychiatriques. Il est d'une grande importance pratique puisqu'il offre aux praticiens des recommandations de soins.

Alors qu'anorexia nervosa et bulimia nervosa y sont toutes deux référencées, à ce jour, orthorexia nervosa ne l'est pas encore. Toutefois, comme il est certain que l'ouvrage connaîtra de nouvelles révisions, certains signes encourageants donnent à penser qu'orthorexia y apparaîtra un jour en tant que maladie pleinement reconnue et identifiée sur le plan clinique.

Tableau 1.1.

	Anorexia Nervosa	Bulimia Nervosa	Orthorexia Nervosa
Qu'est-ce que c'est ?	• Peur obsessionnelle de prendre du poids et conviction que le souffrant est en surpoids. • Limite sa prise alimentaire pour réduire les calories totales consommées. • Peut aussi avoir d'étranges rituels autour de la nourriture.	• Épisodes récurrents d'hyperphagie ou frénésie alimentaire (consommer une grande quantité de nourriture sur un bref intervalle de temps) suivis par des purges, des vomissements, des laxatifs, des médicaments ou un jeûne. • Frénésie alimentaire et purges surviennent environ deux fois par semaine en moyenne.	• Adhésion obsessionnelle à un régime « propre » de plus en plus limitant. • Limitation de la prise de nourriture fondée sur une perception de la « pureté » des ingrédients. • Peut aussi inclure une pratique excessive de l'exercice physique.
Image du corps	• Conviction d'être gros, même quand la forme et le poids du corps sont en dessous des limites acceptables pour la taille et pour l'âge. • Image du corps déformée.	• Bien que la perte de poids puisse être moins prononcée que dans l'anorexie, le souffrant ne peut pas non plus évaluer la forme et le poids de son corps objectivement. • Image du corps déformée.	• La perte de poids est souvent moindre que dans l'anorexie, le souffrant ne peut pas non plus évaluer la forme et le poids du corps objectivement. • Image du corps déformée. • Attention portée à la qualité et au teint de la peau (« lumineuse ») ainsi qu'à la taille du corps.

Symptômes physiques	• Refus de maintenir le poids du corps à un poids normal minimum pour l'âge et pour la taille – pour des besoins de diagnostic, ceci représente une perte de poids telle que la personne pèse 85 % de moins que ce que vous attendriez pour son âge et sa taille. • Comme conséquence, le souffrant peut aussi manifester une pression sanguine faible, des évanouissements, une perte de menstruation chez la femme, une perte de cheveux, et un épuisement.	• La masse corporelle est généralement normale ou en surpoids pour l'âge et la taille. • Conséquence des purges, le malade peut aussi souffrir d'ulcères à la bouche et de soucis dentaires, de fluctuations de poids, d'halitose, de déshydratation et d'extrême fatigue.	• La masse corporelle est généralement normale pour l'âge et la taille. • Les restrictions des aliments « impurs » signifient que certaines catégories d'aliments sont supprimées (hydrates de carbone, gluten ou laitages) sans raison médicale. • La restriction nutritionnelle peut conduire à des carences, qui peuvent se manifester en perte de menstruation, fatigue, maux de tête, anémie, problèmes digestifs, halitose dans certains cas.
Symptômes émotionnels	• Dépression, anxiété, comportements obsessionnels compulsifs, peur intense de prendre du poids ou des situations impliquant de manger. • Dysmorphie du corps : incapacité à percevoir la forme et le poids du corps tels qu'ils sont.	• Dépression, anxiété, dégoût de soi, culpabilité. • Sentiments de perte de contrôle pendant l'acte de manger (le souffrant ne se sent pas capable d'arrêter).	• Dépression, anxiété, dégoût de soi, culpabilité, peur intense de certains types d'aliments qui ne sont pas « purs ». • Obsession avec le suivi de règles diététiques : fait de grands efforts (et dépense souvent beaucoup) pour consommer des nourritures jugées « saines ». • Peut connaître une dysmorphie du corps. • Peut avoir une obsession malsaine de l'exercice physique.

La figure 1.1 montre de quelle façon l'anorexie, l'orthorexie et le trouble obsessionnel compulsif (TOC), bien que chacune de ces conditions existe de façon indépendante, possèdent également d'immenses zones de recouvrement en termes de symptômes et de caractéristiques. Leurs similarités sont particulièrement frappantes lorsqu'on s'intéresse aux traits de personnalité et aux comportements clés qui prédisposeraient, semble-t-il, les individus à chacune de ces conditions. Nous reviendrons sur l'orthorexie et le TOC aux pages 43-49.

Une personne orthorexique, en se regardant dans un miroir, ne verra pas une image distordue de son corps, qu'elle se sent poussée à rectifier *via* le contrôle de ce qu'elle mange ; mais elle sera obsédée par l'idée d'une alimentation saine, en tant que moyen pour tenter de construire une image de soi positive, dans le processus et le sentiment d'être pur. Dans certains cas, une maladie en est le facteur déclenchant : « si j'élimine le sucre de mon régime, je me remettrai de... » ou « si je ne mange plus d'hydrates de carbones, je ne souffrirai plus de... ». D'une façon ou d'une autre, le sentiment d'améliorer son bien-être conduit à la poursuite obsessionnelle d'un régime « pur » ou « propre ».

Avec le temps, la gamme des symptômes de l'orthorexie s'est élargie. Elle n'inclut plus seulement ce qu'un malade est prêt ou non à manger, mais aussi son approche de l'exercice physique (voir encadré p. 28) et le bien-être en général. Par conséquent, nous pouvons dire que nous savons à présent que l'orthorexie est une obsession de la recherche de pureté, qui ne concerne pas seulement la nourriture, mais aussi la façon de vivre.

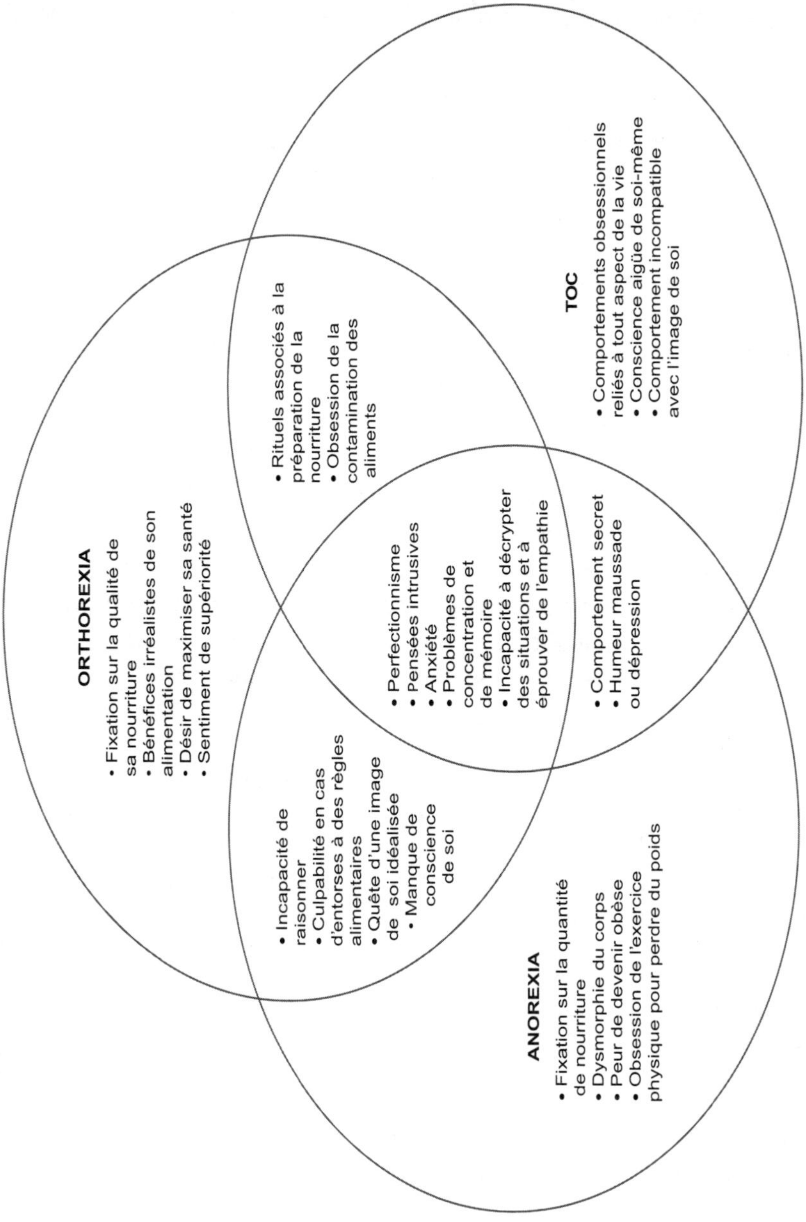
ORTHOREXIA
• Fixation sur la qualité de sa nourriture
• Bénéfices irréalistes de son alimentation
• Désir de maximiser sa santé
• Sentiment de supériorité
TOC
• Comportements obsessionnels reliés à tout aspect de la vie
• Conscience aigüe de soi-même
• Comportement incompatible avec l'image de soi
ANOREXIA
• Fixation sur la quantité de nourriture
• Dysmorphie du corps
• Peur de devenir obèse
• Obsession de l'exercice physique pour perdre du poids
• Rituels associés à la préparation de la nourriture
• Obsession de la contamination des aliments
• Incapacité de raisonner
• Culpabilité en cas d'entorses à des règles alimentaires
• Quête d'une image de soi idéalisée
• Manque de conscience de soi
• Comportement secret
• Humeur maussade ou dépression
• Perfectionnisme
• Pensées intrusives
• Anxiété
• Problèmes de concentration et de mémoire
• Incapacité à décrypter des situations et à éprouver de l'empathie

Figure 1.1.

Le rôle de l'exercice physique

Je ne veux pas décharger toute la responsabilité de l'essor de l'orthorexie sur le dos des régimes alimentaires (ou des modes : voir pages 60-103). Nous sommes aussi bombardés d'informations – certaines bonnes, d'autres moins bonnes – sur l'importance qu'il y a à pratiquer l'exercice physique pour se maintenir en bonne santé. Quand vous recherchez des moyens de devenir « pur », l'exercice peut donc devenir aussi obsessionnel que la nourriture.

Aux États-Unis et au Royaume-Uni, les gouvernements donnent les conseils suivants sur les niveaux d'activité physique pour des adultes en bonne santé. Bien sûr, si vous allez au-delà de ce qui est conseillé, les bénéfices pour votre santé en seront augmentés, tant que votre routine d'exercice reste raisonnable.

✓ Au moins 2 heures et demie hebdomadaires de gymnastique aérobic modérée, pendant lesquelles votre rythme vous permet de tenir une conversation mais vous essouffle légèrement ; l'activité devrait aussi inclure des exercices au poids du corps tels que des pompes, des flexions de jambes, des tractions abdominales, ou encore des cours de yoga ou de pilates au moins deux fois par semaine.

Ou

✓ 1 heure ¼ par semaine de gymnastique aérobic vigoureuse, au cours de laquelle vous produisez un effort maximal et ne pouvez plus prononcer que quelques mots entre chaque respiration. De plus, vous devriez inclure des exercices de force musculaire et au poids du corps (avec ou sans machine) au moins deux fois par semaine.

Ou

✓ Un mix d'exercices aérobic tels que décrits ci-dessus, pendant au moins 2 heures et demie, et au moins deux sessions de force, par semaine.

Ce sont là des paramètres d'exercice bons et sains, pour un adulte moyen. Toutefois, quand l'exercice physique commence à dominer la façon dont un individu se comporte (peut-être qu'il ou elle rate des rendez-vous ou des événements sociaux importants ; qu'il ou elle endure une souffrance causée par l'exercice physique mais l'ignore et s'entête à continuer), quelque chose ne va plus. Lorsqu'il n'y a plus ni modération ni souplesse, ni compassion pour soi-même quand le corps crie au secours – quand la routine devient le régime –, le jugement s'égare et la santé en pâtit. Ce sont, dès lors, des indices qu'une maladie se manifeste sous la forme d'un comportement obsessionnel.

Un monde de désinformation

Bien sûr, tout ceci appelle inévitablement la question : d'où vient la croyance que manger ou vivre de façon « pure » ou « propre », selon des principes biaisés, conduirait à une santé et un bien-être optimaux ?

Ne pensons qu'à la nutrition pour le moment : il semble que chaque jour nous soyons bombardés de nouveaux messages vantant quels aliments sont bons pour nous. D'un côté, nous lisons dans le journal des articles qui nous apprennent qu'une étude toute récente vient de prouver que tels aliments ou telles façons de cuisiner sont « causes » de cancer. De l'autre, nous tombons sur des recommandations du gouvernement en matière de santé, visant à lutter contre l'obésité, le diabète, et d'autres maladies en progression dans les communautés développées. Nous savons tous que le sucre, le sel et les graisses saturées, consommés avec excès, sont mauvais pour notre santé.

Le point positif avec tout article concernant une initiative ou une recherche gouvernementale, c'est que – globalement – les annonces ne sont faites à la presse et au public qu'au terme d'études scientifiques longues et rigoureuses (pas toujours, mais la plupart du temps). Autrement dit, nous pouvons à peu près faire confiance au fait que ces informations sont issues de faits scientifiquement solides.

En revanche, un troisième monde de l'information est en train d'émerger, bien plus dangereux selon moi. Un monde de désinformation.

Au cours des cinq dernières années, nous avons vu un accroissement spectaculaire du nombre de personnes partageant leurs témoignages merveilleux et réconfortants en matière de bonne santé, *via* les réseaux sociaux, les sites internet et les blogs. Qu'il s'agisse d'un régime sans gluten ayant prétendument « éradiqué » les migraines ou d'un régime sans sucre qui m'aurait « guéri » MOI, les affirmations prônant l'efficacité miraculeuse de tel régime pour tel problème de santé sont légion. J'adore quand les gens recherchent dans la naturopathie des solutions pour améliorer leur santé et leur bien-être, mais je ne défends pas les assertions de traitements miracles.

Je vous entends me dire : « Où est le problème ? Si c'est sain et si ça a marché pour lui ou pour elle... ? » La réponse courte, c'est qu'il n'y a aucun problème – tant que manger sainement ne devient pas obsessionnel au point que les règles de ces régimes commencent à prendre le contrôle sur notre mode de vie. Mais ce n'est pas toujours le cas.

Pour commencer, toute personne malade, épuisée ou submergée par un manque d'estime de soi est une personne vulnérable. Vous êtes-vous déjà senti si mal en point – avec, par exemple, une angine ou un rhume ou une douleur à l'estomac – que vous seriez prêt à tenter n'importe quel remède de grand-mère pour essayer d'aller un peu mieux ? Dans la plupart des cas, et pour la plupart des afflictions, c'est totalement sans conséquence. Vous vous sentirez mieux de toute façon, une fois que votre système immunitaire sera reparti, et alors vous déciderez de l'attribuer ou non à ce remède ancestral que vous avez choisi de tester dans vos moments les plus désespérés. Cela n'est pas très important : vous allez mieux, et c'est ce qui compte.

En revanche, que se passe-t-il si cette vulnérabilité a fait que vous avez complètement adhéré à des affirmations non étayées et non scientifiques sur une approche nutritionnelle spécifique afin de vous guérir de quelque chose de plus grave ? Ou, pour combler une profonde aspiration ou un besoin brûlant de prendre le contrôle de votre vie ? Que nous soyons dans le cas d'une maladie physique chronique, ou de quelque chose d'intangible – une maladie psychologique, comme celles qui déclenchent l'anorexie ou la boulimie –, « aller mieux » requiert un processus bien plus impliquant et complexe, qui peut prendre non pas juste quelques mois, mais de nombreuses années, voire une vie entière. Un traitement médical ou une psychothérapie pourraient s'avérer nécessaires.

Si le système immunitaire n'offre pas une voie de guérison naturelle, alors il n'existe aucun objectif visible particulier justifiant de poursuivre les affirmations infondées de « gourous » modernes de la nutrition. Pour l'âme orthorexique, cela signifie la quête éternelle et obsessionnelle d'un mirage ne conduisant peut-être à aucune oasis. C'est épuisant et mauvais pour la santé.

De ce bombardement d'information et de désinformation résulte un fouillis de confusion et de contradiction – et de fait, encore plus de vulnérabilité pour ceux qui sont déjà vulnérables.

De nombreux clients qui viennent à ma clinique ne se rendent absolument pas compte que leurs modes de vie et d'alimentation stricts et sous contrôle sont, au mieux, sans effet sur leur bien-être physique ou, au pire, plus néfastes que bénéfiques. Au contraire, ils s'assoient fièrement devant moi et m'annoncent qu'ils sont passés au sans-gluten ou ont remplacé le sucre raffiné par l'agave, ou ont accompli trois semi-marathons dans la semaine.

Mon attitude est toujours la même : je demande « Pourquoi, selon vous, est-ce bon pour la santé ? Êtes-vous certain que ce que vous faites là est ce qu'il y a de mieux pour votre corps ? » Souvent, je suis accueillie par un total désarroi (et parfois par de la colère) quand il me faut leur dire que s'astreindre à une discipline stricte, fût-ce au nom d'une meilleure santé, pour quelqu'un qui, fondamentalement, est déjà en bonne santé, n'est pas du tout sain en réalité. En fait, cela pourrait même déclencher une maladie.

La quête nocive de la perfection

Une jeune femme d'une vingtaine d'années était venue me voir. Elle avait décroché un emploi de haut niveau qui démontrait combien elle était brillante dans sa profession. À mesure que les exigences de son job augmentaient, son besoin d'être parfaite, dans tous les sens, augmentait aussi. Inquiète des effets de l'alcool sur son corps, elle commença à éviter de sortir avec les collègues de travail ; elle supprima de son régime le sucre, puis le pain, et finalement tous les hydrates de carbone. Elle cessa de manger des laitages. Son régime se résumait grosso modo à un petit morceau de poulet ou de poisson et une assiette de légumes râpés, deux fois par jour, chaque jour. Elle devint isolée, émotionnellement instable, épuisée. Et pourtant, elle ne pouvait s'autoriser à dévier de son chemin nutritionnel librement choisi.

Elle me contacta car à son travail, elle avait passé un test pour les femmes, montrant que ses taux de cholestérol étaient plus élevés qu'ils n'auraient dû être à son âge et pour son poids. Elle voulait savoir ce qu'elle pouvait faire d'autre pour abaisser ce niveau – après tout, pour autant qu'elle sache elle avait déjà éliminé de son régime tous les aliments posant problème.

Son histoire met parfaitement en lumière les interactions entre les différents systèmes de notre corps. Alors qu'en surface, son alimentation était frugale et très saine, elle était totalement déséquilibrée. L'effet secondaire fut que son système endocrinien avait cessé de fonctionner normalement. Je découvris qu'elle ne produisait plus de quantités suffisantes d'œstrogène, l'hormone « féminine » qui non seulement joue un rôle crucial dans la fertilité d'une femme, mais qui métabolise également les graisses et protège des maladies cardiovasculaires parce qu'elle régule la production de cholestérol. Avec ses taux d'œstrogène si bas, le corps de ma patiente n'avait plus de moyen de réguler la production de cholestérol, si bien que ce dernier ne cessait d'augmenter. Elle eut le plus grand mal à appréhender ce concept – après tout, dans son esprit son régime très « sain » ne pouvait aucunement lui faire de mal. Une fois qu'elle comprit cela, elle fut en mesure de prendre le chemin de la guérison.

L'objectivité et la peur

Ceci m'amène à un point important. Une personne qui souffre d'orthorexie ne peut plus percevoir objectivement ce que veut dire avoir un mode de vie sain. Dans l'orthorexie, manger et faire de l'exercice ne sont pas des passe-temps détendus et agréables, mais des régimes aux règles de fer. Pour quelqu'un d'orthorexique, la seule pensée de briser les règles provoque des sentiments de peur – le sentiment que quelque chose de catastrophique se produira si l'une des règles est brisée à n'importe quel moment, même à titre d'exception. En réalité, la peur est irrationnelle, mais elle semble parfaitement logique.

C'est la manière obsessionnelle par laquelle une personne orthorexique suit les règles qui posent problème – pas nécessairement les règles en elles-mêmes. Après tout, manger plus de fruits et de légumes, moins de sucre, moins d'aliments raffinés, moins de graisses saturées, etc., sont tous de bons principes sur le plan diététique. Mais, quand toute objectivité est perdue et que la peur a pris racine, réduire la graisse saturée peut aisément, avec le temps, se muer en éliminer tout type de matière grasse ; réduire la consommation de sucre peut devenir éliminer tout hydrate de carbone (voir p. 32 pour en savoir plus) ; manger plus de légumes peut devenir ne manger que des légumes. En d'autres termes, l'obsession est cumulative et ne s'interrompt jamais :

ce qui pouvait être bon pour la santé, avec le temps et en repoussant toujours plus loin les limites, devient nocif et même dangereux.

Qu'est-ce que « l'alimentation saine » ?

Dans un monde idéal, je renommerais toute littérature évoquant des « règles à suivre pour manger sainement », par des « attitudes saines pour se nourrir ». Chaque fois que je parle d'une alimentation saine, j'essaie de rendre évident que j'entends par là une alimentation sans restriction ni complication. Cela ne veut pas dire se vautrer dans l'orgie, mais adopter un régime alimentaire raisonnable et équilibré, en fonction des besoins nutritionnels du corps (ce qui implique de manger le plus souvent possible de tous les groupes d'aliments, et également de faire des provisions des nutriments importants ; voir encadré p. 57).

Pour moi « alimentation sans restriction » signifie ne pas se sentir coupable ou inquiet si de temps à autre un aliment imparfait sur le plan nutritionnel – par exemple, une barre chocolatée ou un pot de crème glacée – passe la barrière de vos lèvres. Une attitude saine consistera à posséder une compréhension de la nutrition fondée sur les faits, et avoir assez confiance pour être indulgent sur les règles occasionnellement, et savoir qu'en faisant la moyenne sur des semaines ou des mois et non pas sur des heures ni des jours, votre régime est sain.

L'année dernière, je suis partie une semaine dans les Dolomites en Italie avec quelques amis. Nous avons décidé de manger des pâtisseries tous les matins au petit-déjeuner. Pourtant, d'ordinaire je ne prends jamais de pâtisseries au petit-déjeuner, pas plus que je n'en consomme quotidiennement, mais j'étais en vacances et je voulais profiter de l'expérience en sortant de la norme. M'est-il arrivé quelque chose d'affreux ? Non. Au contraire, ce changement me fit du bien ; et je me sentais plus détendue et ressourcée lorsque je suis rentrée chez moi. Je ne suis pas, du jour au lendemain, devenue une accro des pâtisseries au petit-déjeuner – je suis revenue sans hésiter à mes habitudes plus saines. Pour moi c'est cela, manger sainement. Et c'est ce que nous devons promouvoir, plutôt que des régimes aux règles restrictives et strictes qui ne sont pas toujours bonnes pour la santé et le bien-être. Est-ce que je viens de vous dire que vous avez le droit de prendre ce biscuit avec votre tasse de thé ? Oui, c'est exactement ce que j'ai dit. Faites juste en sorte que le paquet entier n'y passe pas et que ce ne soit pas tous les jours...

Quelle est la cause de l'orthorexie ?

À la source de l'orthorexie se trouve l'obsession de s'améliorer soi-même, bien plus souvent que l'effort désespéré d'atteindre le poids parfait, comme dans les troubles de l'alimentation plus connus que sont l'anorexie et la boulimie. Le but recherché est le perfectionnement de soi-même, par l'amélioration de la qualité de l'alimentation et du style de vie, et pas simplement la réduction, la restriction ou le fait de brûler des calories. Cela dit, on note clairement des points communs entre ces trois troubles de l'alimentation, dans les éléments qui déclenchent leurs comportements obsessionnels et extrêmes. Nous pourrions dire qu'il s'agit là des facteurs sous-jacents fondamentaux – « causes » est sans doute un mot trop limitant – de l'orthorexie (comme de l'anorexie et de la boulimie).

Le sentiment de ne rien contrôler dans sa vie

Personne ne peut complètement contrôler l'impression qu'il donne ou la manière dont il se sent. Nous ne pouvons pas non plus maîtriser tout ce qui nous arrive au cours d'une journée, d'une semaine, d'une année ou d'une vie. L'insatisfaction au regard de sa vie et de soi-même, le sentiment d'impuissance à y remédier ou à seulement pouvoir influer, peuvent conduire une personne vulnérable à faire de la nourriture ce qu'elle est en mesure de contrôler afin d'essayer de mettre de l'ordre dans toutes ces autres choses qui semblent déséquilibrées ou ingérables. On observe cela régulièrement chez les jeunes enfants.

Pensez au tout-petit qui, jour après jour, souffre de s'entendre dire ce qu'il doit faire, comment il doit se comporter et même se vêtir. Alors vient l'heure de passer à table, et l'enfant refuse catégoriquement de manger une carotte, un morceau de brocoli ou un morceau de poulet. Pourquoi ? Parce que s'il y a tant de choses sur lesquelles nous n'avons pas la moindre prise, du moins *pouvons*-nous avoir le dernier mot sur ce que nous mettons dans nos corps. Que pouvons-nous faire sinon fermer la bouche ?

C'est le sentiment de ne plus rien maîtriser qui mène à des comportements obsessionnels et prévisibles – que cela se manifeste par un régime strict ou par un ordre particulier pour accomplir telle ou telle tâche. Il n'est pas surprenant que ceux qui présentent un trouble du comportement alimentaire manifestent aussi souvent d'autres tendances obsessionnelles compulsives (voir figure 1.1 p. 27).

La faible estime de soi

Purger le corps afin de se débarrasser de sentiments d'inadéquation ou d'incomplétude se manifeste chez les anorexiques par l'abstinence, chez les boulimiques par la régurgitation, et dans l'orthorexie par le fait de manger uniquement selon les règles strictes d'un régime choisi. Bien sûr, quand il s'agit de faibles estime de soi, rien n'est aussi simple. Le sentiment de ne pas être assez bien a souvent des racines profondes, enracinées dans des années de ressentis d'échecs, ou peut-être dans un traumatisme ou dans de l'anxiété et du stress. Quoi qu'il en soit, un ensemble de règles alimentaires suivies de près à tout moment procure un sentiment de réussite et d'accomplissement : « Si je suis capable d'adopter ces règles et de toujours m'y conformer, c'est que je dois être assez bien puisque j'ai réussi. »

Le rôle de l'estime de soi

Cas

Il y a quelques années, j'ai travaillé avec une adolescente qui souffrait d'acné. Cela la rendait très complexée et son estime de soi était au plus bas. Elle commença à chercher sur Internet des moyens de réduire les boutons sur sa peau. La première chose qu'elle fit, suite à ses recherches, fut de supprimer tout aliment riche en sucres et en graisses, notamment les sucreries et les chocolats. Cette action ayant peu d'effet sur son acné (il y a, en réalité, peu de raisons de croire que le sucre puisse provoquer de l'acné), elle supprima ensuite les produits laitiers, puis le gluten, enfin toutes les viandes et autres produits dérivés des animaux. Autrement dit, elle devint végétalienne. En temps normal je n'ai aucun problème avec le végétalisme, sauf que dans ce cas précis, la jeune fille insista aussi pour réduire glucides et lipides, et refusa de recourir aux produits à base de soja pour son apport en protéines comme elle avait lu que ceux-ci seraient nuisibles à son corps d'autres manières.

Elle incarnait probablement le cas le plus extrême d'orthorexie qu'il m'ait été donné de rencontrer. Quel que soit le conseil que je lui donnais, et quelles que fussent les raisons scientifiques de mes conseils, elle choisissait plutôt de croire ce qu'elle lisait sur Internet. Lorsqu'elle ne fut plus en mesure de supporter son régime, elle commença à chercher d'autres moyens de s'aider. Elle s'inscrivit à la gymnastique, ce qui devint bientôt une nouvelle obsession – elle suivait fréquemment deux sessions par jour et devenait très anxieuse si le travail scolaire l'en empêchait. Elle refusait constamment les incitations sociales puisqu'elles interféraient non seulement avec sa discipline alimentaire, mais aussi avec sa discipline sportive.

Elle vint me voir car, même si elle pensait tout faire comme il fallait, elle ne constatait sur son corps aucune des améliorations ou des résultats escomptés. J'ai dû lui expliquer que le régime qu'elle suivait, et qu'elle croyait optimal, était en réalité déficient en énergie, en protéines et en graisses pour soutenir son entraînement. Même si son poids était relativement stable et correspondait aux critères normaux pour son âge, son poids et sa taille, ses menstruations s'étaient interrompues. C'était un indicateur fort que son corps ne fonctionnait plus de façon optimale.

Toutefois, au final, c'est le fait d'avoir un petit ami qui la convainquit de changer ses habitudes de comportement. Le basculement dans ses priorités suffit à la convaincre de désamorcer progressivement la mentalité orthorexique. Elle gagna en estime de soi, et elle voulait être capable de se socialiser avec son petit ami. Elle accepta de limiter ses sessions d'exercice physique, et d'accroître sa consommation d'hydrates de carbone. Ses règles revinrent et son acné diminua (conséquence d'une médication plus que de changements de régime). Mais il lui fallut encore du temps, plusieurs mois, pour comprendre qu'aucune alimentation ou famille d'aliments n'avait été capable de la « guérir », et qu'au lieu de cela, elle avait besoin de trouver un équilibre – physique, psychologique, hormonal et également, social.

Le besoin d'être parfait

Une étude, parue en avril 2016 dans le *Eating and Weight Disorders Journal*[1], questionnait les causes de l'orthorexie. Les chercheurs demandèrent à 220 individus de remplir un questionnaire sur les attitudes liées au perfectionnisme, à l'image du corps, aux relations et à l'estime de soi. Les résultats conclurent que, outre un passif en termes de troubles de l'alimentation, c'était parmi les scores élevés d'insatisfaction avec l'image de son corps et le besoin de perfection que se trouvaient le plus grand nombre de tendances à l'orthorexie. Bien sûr, ceci fait sens : la logique (biaisée) veut qu'en suivant parfaitement et avec précision les règles, on fasse émerger une personne parfaite.

Le manque d'auto-compassion

J'ai découvert que l'un des thèmes les plus étonnants et récurrents qui surgissent au cours de mon travail avec des individus souffrant de troubles de l'alimentation, tels que l'orthorexie, est le manque d'auto-compassion, l'incapacité à être doux avec soi-même. Lorsque nous sommes en bonne santé, nous savons bien que la perfection n'existe pas : il n'existe pas de journée parfaite, de repas parfait, de tasse de café parfaite, et encore moins de corps parfait. Nous pardonnons à la vie pour ses anomalies et ses imperfections, et même, nous les apprécions et les accueillons comme les éclats de couleur de journées qui sans cela seraient ternes.

Pour quelqu'un souffrant d'orthorexie, en revanche, il y a comme nous l'avons vu un besoin d'être parfait. Et lorsque la perfection n'est pas au rendez-vous, au lieu d'un bref haussement d'épaules, il y a de la

1. NdT : *Journal des troubles de l'alimentation et du poids*.

culpabilité, du remords, un dégoût de soi. Quelqu'un d'orthorexique fait le forcing, encore et encore, même quand le corps hurle d'arrêter (de douleur ou de faim, ou en raison de quelque autre besoin physique) ; il y a le sentiment que nous ne valons pas notre propre empathie, parce que nous ne sommes pas encore assez bien – pas assez parfaits – pour la mériter.

Ces facteurs déclencheurs ne sont en aucun cas exhaustifs. De même que toute personne a des besoins nutritionnels différents, chacun a, sur le plan psychologique, ses propres stimuli et réactions et ses points de contact. Jamais je ne prétendrais les avoir tous couverts, ni même découverts – mais ce sont là les déclencheurs que je rencontre très fréquemment chez les patients qui viennent à ma clinique.

Le facteur déclencheur externe : alerte rouge information

Dans ce chapitre j'ai tenté de définir l'orthorexie à travers ses caractéristiques, ses symptômes et ses causes possibles. Il existe un facteur déclencheur externe important, qu'il me faut mentionner car je pense que c'est celui sur lequel nous – nous inquiétant pour des êtres chers qui développent la maladie – pouvons en réalité avoir une influence.

Nous savons que parmi les déclencheurs pour les troubles de l'alimentation se trouve la quête de la perfection – notre apparence, la façon dont nous nous sentons et comportons. En effet, des études récentes suggèrent que des enfants de seulement six ans sont insatisfaits de leur apparence : avec pareille pression à un si jeune âge, on ne peut qu'imaginer ce que cela donnera en termes de statistiques sur les troubles de l'alimentation, plus tard dans la vie. Alors, d'où vient cette forme d'idéalisme ? Comment se perpétue-t-elle ?

Par le passé, on a accusé tout à la fois l'industrie de la mode, les magazines et les images dans les médias, de l'augmentation du sentiment d'insatisfaction avec soi-même. Les statistiques montrent que :

- ✓ 85 % du contenu des magazines de beauté et de mode produit comme effet sur le lecteur de se sentir imparfait et inadéquat.
- ✓ 75 % des femmes se sentent coupables, honteuses et déprimées après seulement trois minutes de lecture d'un magazine de mode.
- ✓ La majorité des femmes qui lisent des magazines de mode ont plus de 40 ans et pourtant, seul un petit tiers de ces images qu'ils contiennent correspond à ce groupe d'âge – les deux autres tiers montrent des femmes considérablement plus jeunes.

Aujourd'hui, en plus des images que nous voyons publiées, il nous faut affronter les médias sociaux. Les principaux sites internet de médias sociaux (Facebook, Snapchat, Instagram et Pinterest, pour n'en citer que certains) ont enregistré plus de cent millions d'utilisateurs. Plus de 60 % des jeunes âgés de 13 à 17 ans y possèdent au moins un profil, et un grand nombre d'entre eux passent plus de deux heures par jour sur des sites de réseau social. Bien que nous ne disposions pas encore de statistiques claires sur la répartition démographique de l'orthorexie, ma propre expérience et ma recherche m'amènent à penser que ce même groupe d'âge est vulnérable à la notion d'obsession de l'alimentation saine, avec de nombreux adolescents qui habillent de justifications éthiques leurs choix alimentaires contraints, qu'ils soient végétariens ou végétaliens (voir aussi p. 94).

De plus, avec les médias, il est devenu très facile d'être inspiré par des représentations biaisées du succès et de la « perfection ». Les sites permettent mieux que jamais de suivre – et même de créer – des modes et des engouements. Des images de nourriture « saine » magnifiquement préparée ; des corps minces et toniques ; et même des exercices pour tonifier le corps, sont constamment accessibles dans un panorama des plus éloquents. Sans relâche, on nous propose des manières de passer à la loupe nos corps, nos modes de vie et notre santé ; le sentiment de notre propre valeur est sous pression permanente.

Nous vivons un âge de l'information merveilleux : Internet nous donne l'accès immédiat à toutes sortes de connaissances, qui nous auraient pris des jours, il y a quelques décennies seulement, à rechercher. Cependant, le grand et grave danger est que tout dans cette information disponible n'est pas nécessairement bien recherché ni fondé. Cela nous renvoie au vieux dicton : ne crois pas tout ce que tu lis.

Nous adorons tous les histoires de pauvres devenus riches et de guérisons miraculeuses ; nous cherchons tous des réponses aux secrets de beauté, de jeunesse et de longévité. Alors, quand de jeunes personnes impressionnables et vulnérables tombent sur un blog, un vlog ou une page web proclamant que, « si tu manges comme moi, tu peux devenir comme moi » (c'est-à-dire, en général, superbe, rencontrant le succès, et brillant dans tous les domaines), rien de surprenant à ce qu'un clic se multiplie en milliers de clics, et sous peu, un follower en devient dix mille, et tout à coup ce qui était une histoire de bien-être profondément personnelle et individuelle est devenu quelque chose dont les règles devraient s'appliquer à tous.

Repensez-y en termes scientifiques : le récit d'une personne, chez qui un changement d'alimentation a produit une amélioration de la santé et du bien-être, correspond à une étude conduite sur une « population » d'une personne. Aucune étude scientifique n'est possible en disposant d'un seul sujet pour expérimenter ; le seul fait de proposer cela serait à mourir de rire. Il est très improbable que ce qui a marché pour un seul individu doive marcher pour tous.

Je ne suis pas en train de dire que les conseils offerts sur les médias sociaux sont tous sans valeur ; je dis juste que, dès lors que n'importe qui peut écrire n'importe quoi et en faire un récit, attention. Se passer de laitages, par exemple, n'est pas la solution à la crise de la santé mondiale. Chez la plupart des gens, en réalité, il est plus probable que cela conduise à un faible niveau de calcium et de bonnes graisses, et aux problèmes de santé liés qui en découlent (os fragilisés et déséquilibre hormonal, entre autres choses) ; en revanche, il est juste que chez un petit nombre de personnes, qui sont réellement intolérants au lactose, ceci offre une piste vers un mieux-être.

Soyez sceptique : au cours des dernières années un bon nombre de blogueurs populaires ont admis que les modes de vie et les images qu'ils avaient créés sur les médias sociaux étaient en fait bien différents de leur réalité. Une blogueuse a expliqué comment elle avait photographié ses abdos plus d'une centaine de fois pour obtenir le bon angle, afin de prouver qu'elle était tonifiée. Une autre a raconté comme elle avait posté des images de jus verts, dont elle jurait que grâce à eux elle se sentait merveilleusement bien, en omettant toutefois de mentionner qu'elle ne pouvait pas supporter leur goût. Un autre expliqua comme il avait dû retravailler sous Photoshop le repas qu'il avait préparé, afin de le rendre appétissant sur la photo, alors qu'en réalité, c'était tellement immangeable qu'à peine la photographie prise il avait dû jeter la nourriture à la poubelle.

Je me répète, ne croyez pas tout ce qui est écrit.

Les symptômes de l'orthorexie

Si quelqu'un souffre d'un trouble de l'alimentation, il est presque impossible de remarquer que quelque chose ne tourne pas rond : les décisions de limiter, restreindre ou contrôler d'une quelconque façon sa prise alimentaire, lorsqu'elles sont expliquées, peuvent paraître parfaitement rationnelles et logiques, voire saines, dans le cas de l'orthorexie. C'est pourquoi il est si important que nous soyons tous informés des signes et des symptômes – de manière à ce que, même si nous-mêmes ne pouvons pas voir les dangers dans notre propre comportement, nous puissions au moins les repérer chez ceux que nous aimons. Voici quelques-uns des signes les plus répandus dans le comportement de personnes à tendance orthorexique.

Avancer des allergies alimentaires non diagnostiquées comme argument pour éviter certains aliments

Les personnes aux prises avec l'orthorexie, et plus généralement avec tout type de trouble de l'alimentation, utilisent parfois cela comme prétexte pour limiter ou contrôler ce qu'ils mangent. Chez certaines personnes existe la croyance catégorique que tel aliment particulier, ou certains groupes d'aliments, rendent malades.

Toutefois, d'autres personnes en feront une excuse, un moyen de détourner d'éventuelles questions sur ce qu'elles ont choisi de manger ou non. Par exemple, si je vous dis que je suis intolérante au gluten, il y a moins de risques que vous me demandiez pourquoi je refuse ce bol de pâtes et pourquoi j'évite de manger ce petit pain avec la soupe que vous m'avez servie. Se fabriquer une allergie ou une intolérance permet à ceux qui en souffrent de maintenir les règles de leur trouble alimentaire même en présence d'autres personnes.

Tout sauf la modération

Rien n'est modéré ni rationnel dans le régime alimentaire d'un orthorexique. Quelqu'un souffrant d'orthorexie se débrouillera pour éviter des familles d'aliments ou d'ingrédients, et même certains processus de fabrication des aliments, sans avoir, bien souvent, de compréhension rigoureuse des circonstances où ces familles d'aliments pourraient nous être nocives sur le plan nutritionnel (ni savoir, par conséquent, pourquoi le corps peut dans certains cas en avoir besoin pour demeurer en bonne santé). On rencontre dans l'orthorexie une liste d'interdits pouvant inclure tout ou partie de ce qui suit :

- ✓ graisses, sucre ou sel ;
- ✓ produits animaux ou laitiers ;
- ✓ aliments contenant des colorants artificiels, des arômes ou des conservateurs ;
- ✓ nourritures traitées avec des pesticides ou ayant subi des modifications génétiques.

Montrer des signes de troubles concomitants, tels que les troubles obsessionnels compulsifs (TOC)

Comme nous l'avons déjà vu, le besoin de contrôler sa vie est un déclencheur crucial des troubles de l'alimentation. Ceci peut se manifester dans les choix d'aliments, ou d'autres façons plus subtiles. On a souvent remarqué que des personnes ayant des TOC ou un trouble de l'alimentation établissaient des règles autour de la préparation de la nourriture (la façon dont les légumes doivent être coupés, l'ordre dans lequel les ingrédients sont ajoutés, ou la pesée précise de chaque ingrédient, par exemple), ainsi qu'une attention obsessionnelle portée aux procédés de lavage, et même des vérifications constantes pour s'assurer qu'ils ont bien fait ce qu'ils pensent avoir fait (vérification et revérification que vous avez bien refermé la porte, par exemple, ou plié le linge, ou éteint le four). Ces routines associées au trouble procurent un sentiment de contrôle, et apaisent. Tout écart par rapport à ces routines génère de l'anxiété et du stress.

Opérer des rituels en lien avec la nourriture

Généralement, les personnes avec des troubles de l'alimentation montreront un comportement extrême lié à la conservation de la nourriture et (je l'ai mentionné plus haut) à sa préparation. Par ailleurs, les individus souffrant d'un trouble alimentaire pourront préparer des repas délicieux et très élaborés pour les autres, mais auxquels eux-mêmes ne toucheront pas.

D'une part, ceci est une façon de montrer de la compassion pour autrui, et de satisfaire ainsi un besoin de manifester la gentillesse que la personne malade est incapable de se donner à elle-même. D'autre part, cela procure aussi à la personne qui souffre du trouble un sentiment de valeur ; ou le sentiment d'être, d'une certaine façon, supérieure à tous ceux qui ne peuvent résister à la nourriture placée devant eux et ne suivent pas, eux, ces règles strictes.

Répugner à manger de la nourriture cuisinée par quelqu'un d'autre

Vous vous rappelez comme le besoin de prendre le contrôle est un déclencheur de l'orthorexie ? Eh bien, ceci se manifeste souvent dans des signes flagrants qu'un repas préparé par quelqu'un d'autre ne serait, pour une raison ou pour une autre, pas goûteux ou pas mangeable. Vous vous apercevrez peut-être que la personne souffrante repoussera la nourriture autour de son assiette ; ou qu'il ou elle est allée, maladroitement, inspecter la cuisine tandis que vous prépariez le repas, scrutant vos moindres faits et gestes.

Décliner des invitations qui impliquent de manger

Qu'il s'agisse du gâteau d'anniversaire lors d'un rassemblement familial, ou du repas avec entrée, plat et dessert lors d'un dîner de fête, ceux qui souffrent d'un trouble alimentaire éviteront par tous les moyens les situations sociales susceptibles de leur imposer d'avoir à manger hors de leurs règles.

En général, les personnes en bonne santé conçoivent une sortie à dîner entre amis comme un moyen parmi d'autres d'apporter un sentiment de satisfaction dans leur vie. Mais qu'est-ce qui rend ces moments si plaisants ? La nourriture en elle-même ? Probablement pas : c'est l'interaction, la sociabilité, la connexion humaine et le sentiment de faire partie d'un groupe, le sentiment d'appartenance. Ironie du sort, c'est ceux qui souffrent d'orthorexie qui se privent de telles occasions sociales – surtout celles faisant intervenir la nourriture –, parce qu'il est beaucoup plus difficile de suivre des règles alimentaires lorsque quelqu'un d'autre que soi fait la cuisine, ou quand d'autres personnes nous observent et peuvent nous poser des questions. Le sentiment d'isolement qui résulte contribue à établir un cercle vicieux de faible estime de soi et de dévalorisation de soi-même.

Exprimer la culpabilité d'avoir enfreint les règles et essayer de rectifier le tir

Souvenons-nous que l'orthorexie, ce sont des règles à suivre, donc si une règle quelconque a été enfreinte, le sentiment de culpabilité chez la personne qui souffre est parfois colossal. Conséquence, il ou elle pourra manifester un épisode de frénésie extrême d'exercices physiques ou de restrictions sur la nourriture dans le but de redresser la balance, de purger et de purifier. Lorsqu'un ami ou une amie vous dit, « je ne peux pas venir boire un café parce que je dois aller courir/je jeûne parce que j'ai vraiment exagéré hier », méfiez-vous.

Repérer les signaux

Si vous vous inquiétez, pour vous-même ou pour quelqu'un d'autre, et pensez que l'orthorexie pourrait être un problème, voici une liste résumée des signes que vous devez guetter :

- ✓ Suppression d'une famille entière d'aliments, pour tenter d'avoir une alimentation « propre » ou « parfaite ».
- ✓ Angoisse importante quant à la manière dont la nourriture est préparée.
- ✓ Évitement d'événements sociaux impliquant de la nourriture par peur de n'être pas capable de suivre son régime.
- ✓ Considération négative de ceux qui ne suivent pas de régime strict.
- ✓ Dépenses extrêmes de temps et d'argent consacrées à planifier ses repas et à choisir sa nourriture.
- ✓ Sentiments de culpabilité ou de honte quand il/elle est incapable d'adhérer aux critères du régime.
- ✓ Sentiment de satisfaction ou de vertu du fait de manger « sainement » tout en perdant son intérêt pour les autres activités.
- ✓ Peur que manger hors de chez soi puisse empêcher de suivre son régime.
- ✓ Prise de distance avec les amis ou les membres de sa famille qui ne partagent pas les mêmes vues à propos de la nourriture.
- ✓ Évitement de la nourriture achetée ou préparée par d'autres.
- ✓ Aggravation d'un état dépressif, de changements d'humeur ou d'angoisse.

✓ Besoin de faire de l'exercice quotidiennement pour justifier le fait de manger.

Identifier ne serait-ce qu'un ou deux de ces signes peut mériter qu'on sonne l'alarme – ou au moins, qu'on garde cette interrogation dans un coin de sa tête. Rappelons-nous que l'orthorexie est une pathologie dont l'échelle évolue : cela empirera avec le temps, donc il est important d'être conscient de ces signaux d'alerte.

Perpétuation des mythes du « manger propre »

Internet bombarde celles et ceux qui souffrent d'orthorexie de ressources illimitées sur les règles d'une alimentation dite propre. Célébrités et blogs personnels martèlent chaque jour à quel point cela « vaut la peine » de manger propre. Leur influence est telle que même les marques et le milieu publicitaire ont commencé à exploiter nos insécurités concernant certaines nourritures, nous envoyant des messages subliminaux où « sain » doit rimer avec « sans ».

Par exemple, les alternatives au lait telles que les laits d'amande, d'avoine ou de chanvre, nous sont souvent vendues comme de grandes sources nutritives sans laitage. En réalité, il s'agit surtout d'eau onéreuse. Le lait d'amande que vous trouvez en boutique ne contient que 0,1 g d'hydrates de carbone et 0,1 g de protéines pour 100 ml, et coûte presque le double de la même quantité de lait de vache, alors que sa valeur nutritionnelle est considérablement plus faible (100 ml de lait de vache contiennent environ 4,8 g d'hydrates de carbone et 3,2 g de protéines, ainsi que du calcium et d'autres nutriments).

De même, les marques qui commercialisent des produits qui sont naturellement sans gluten, comme des glaces, du riz ou même des lotions corporelles, depuis peu, vantent le fait que ces produits soient sans gluten. Pourquoi le font-ils ? Pour augmenter leurs ventes. Plus nous entendons et lisons de tels messages, plus cela nous convainc que les options « sans » sont meilleures pour nous – et plus nous glissons vers l'état mental de l'orthorexie.

Alors, quelle est la réponse ? Comment changer cela ?

L'un des moyens est de vous armer des faits et de développer votre propre résilience émotionnelle, de façon à ne faire que des choix fondés sur vos besoins propres, et non ceux de quelqu'un d'autre. Le prochain chapitre entame ce processus de déjouer les pièges dans lesquels nous tombons si facilement, quand il s'agit de comprendre comment et pourquoi le corps humain a besoin de certains aliments.

2

Régimes et nutrition : les fausses promesses de l'orthorexie

Nous avons déjà identifié que l'expression « manger sainement » est sujette à interprétation : ce que cela signifie pour une personne peut signifier autre chose pour une autre. Même lorsque pour nous, la signification semble claire, la façon dont nous l'interprétons est susceptible d'évoluer avec le temps.

Prenons un exemple. Supposons que vous soyez de ceux qui prennent une cuillérée de sucre avec leur thé. Vous savez probablement déjà que trop de sucre raffiné n'est pas ce qu'il y a de mieux pour votre santé, mais si c'est là votre seul vice, et si vous ne buvez qu'une tasse de thé par jour, cela ne sera pas réellement un problème. Si, en revanche, vous buvez quatre ou cinq tasses quotidiennement, voire plus, alors sans doute il vous faudra faire quelques petits changements pour en minimiser les effets (excès de sucre dans le sang, déséquilibre hormonal, prise de poids, etc.). Si d'autres sucres se cachent dans votre régime (voir plus bas), les problèmes peuvent être exacerbés.

Le point déterminant, ici, est que prendre votre thé avec du sucre n'est pas un problème, mais c'est la quantité totale de sucre dans l'ensemble de votre régime alimentaire que vous devez ajuster. Une étape simple vers un style de vie plus sain, serait soit de réduire le nombre de tasses de thé que vous buvez chaque jour ; soit d'arrêter d'y ajouter du sucre. Pour certaines personnes, il peut ne pas falloir plus que ce changement mineur pour devenir « plus sain ». D'autres personnes peuvent décider d'approfondir la question, de réfléchir aux autres voies par lesquelles le sucre s'insinue en nous, et de troquer la barre chocolatée journalière contre un morceau de fruit ; ou de baser un repas hebdomadaire sur les haricots et les légumineuses plutôt que sur la viande avec deux légumes. Comme dit un vieil adage : il y a moult façons de dépecer un chat. Il y a d'innombrables moyens par lesquels – une fois que nous comprenons ce qu'est le sucre et d'où il provient – nous pouvons faire de petits ajustements afin d'améliorer notre santé.

En vérité, « manger sain » n'est jamais une affaire de privation ni de règles strictes. Cela tient en des changements nutritionnels durables et positifs, qui améliorent la santé de l'individu sur la durée. Les petits changements sont cumulatifs et efficaces, et bien plus durables. Lorsque de tels changements deviennent obsessionnels ou contraignants (quand les petits changements deviennent de « grands » changements imposant leurs règles tyranniques), ils cessent d'être des avancées positives vers une meilleure santé et deviennent un trouble de l'alimentation justifié par une fausse promesse.

Puisque celles et ceux qui souffrent d'orthorexie cherchent rarement à perdre du poids ou à changer d'apparence (souvenez-vous que cela concerne le sentiment d'être pur, plus que le fait nécessairement d'être mince), il est très facile de dissimuler cette maladie derrière l'écran d'un psychoverbiage nutritionnel. En tant que médecin diététicienne, c'est là en particulier que je peux aider : je ne suis pas qualifiée pour traiter de la psychologie sous-jacente à une condition, mais je peux aider à améliorer les conséquences en éduquant sur la nutrition.

Comprendre les bases

Pour comprendre quelle nourriture nous devons donner à notre corps pour une santé optimale, et pourquoi l'orthorexie conduit à une mauvaise santé, il est important de saisir les processus fondamentaux qui sont à l'œuvre dans le corps humain.

La nourriture est un combustible, et, bien sûr, apporter de l'énergie au corps est l'une des principales raisons pour lesquelles nous mangeons. Toutefois, cette énergie n'est pas là uniquement pour activer nos muscles : elle active plutôt de nombreux processus physiologiques, du système cardiovasculaire (cœur et circulation) au système endocrinien (hormones) en passant par le système neurologique (cerveau et nerfs) et le système digestif, ainsi qu'une foule de processus intermédiaires.

En plus de cela, les nutriments présents dans notre nourriture déclenchent, maintiennent et régulent de diverses manières des centaines de processus de biochimie cellulaire, et assurent également la santé optimale du squelette.

Le corps de secours

Le corps est résilient. Même lorsque nous supprimons de notre alimentation des familles entières d'aliments, que notre apport nutritionnel est pauvre et que le corps est soumis au stress, ce dernier possède de nombreux systèmes de secours qui lui permettent de continuer à fonctionner, bien que de manière non optimale. C'est pourquoi un trouble alimentaire comme l'orthorexie est parfois si difficile à repérer tant que la situation n'est pas devenue extrême.

Si nous commençons à « contrôler » notre alimentation – que ce soit en restreignant notre apport calorique ou en suivant un régime qui supprime un certain type d'aliments –, l'équilibre nutritionnel est perdu. Le corps effectue des ajustements afin de préserver l'énergie pour maintenir ces systèmes qui sont indispensables à la vie : ceux qui contrôlent le cerveau, la respiration et le cœur. Nous pouvons certes céder à la promesse d'une peau resplendissante en troquant nos spaghettis pour des *courgetti*, mais qu'est-ce que cela impliquera réellement en termes de chimie dans le corps ? Quels sont les possibles effets négatifs ?

Dans les pages qui suivent, nous allons étudier de plus près l'importance de toutes les familles d'aliments en termes de bonne santé générale. Ensuite, je les examinerai à la lumière de ce qu'un régime qui vise à les réduire, voire à les éliminer totalement, peut avoir comme conséquences négatives sur la santé, montrant que la quête de la pureté a été poussée à l'extrême. Si vous vous inquiétez pour quelqu'un, ou pour vous-même, voici la boîte à outils dont vous aurez besoin pour évaluer le plus honnêtement possible des affirmations relatives à un régime auxquelles vous pourriez souscrire, et pour vous demander si ce régime est bon pour votre santé, sur la base d'une science nutritionnelle démontrée.

Comment fonctionne votre corps ?

Commençons par un bref rappel de biologie : nous ne pouvons pas réellement comprendre l'importance de la nutrition à moins de comprendre les bases de la manière dont notre corps est, de toutes les machines de la Nature, la plus intriquée, interreliée et interdépendante. Le corps humain possède onze systèmes primaires qui jouent leur rôle dans une santé optimale. Chacun d'eux a besoin d'une nutrition optimale pour fonctionner correctement et pour s'entraider.

Ces 11 systèmes principaux du corps sont :

- ✓ **Le système circulatoire/cardiovasculaire,** qui est responsable de la circulation du sang dans le corps, de la distribution d'oxygène et de nutriments aux organes et aux cellules, et de l'élimination des déchets.
- ✓ **Le système digestif,** qui est nécessaire pour que les processus à la fois mécanique (mastication) et chimique (digestion) puissent décomposer la nourriture en ses constituants utiles (nutriments) et en déchets.
- ✓ **Le système endocrinien,** qui fabrique et distribue les hormones, moyen de communication chimique qui, dans le corps, pilote les fonctions de... eh bien en fait à peu près tout.
- ✓ **Le système exocrine,** qui désigne les parties du corps se trouvant « à l'extérieur », comme la peau, les cheveux ou les ongles, et qui inclut les glandes exocrines responsables de la sécrétion de la sueur.
- ✓ **Le système immunitaire,** qui défend le corps contre les envahisseurs étrangers, dont ceux qui sont la cause de maladies. C'est aussi à lui qu'on doit de déclencher et de gérer les réactions allergiques, et il inclut des sous-systèmes divers et complexes qui existent au sein de toutes les parties du corps – comme la peau ou les intestins.

- ✓ **Le système musculo-squelettique,** qui, *via* les os et les muscles, soutient le corps et permet ses mouvements.
- ✓ **Le système nerveux,** qui acquiert et traite l'information provenant de nos sens et du cerveau, et qui pilote tous les autres processus et fonctions du corps, y compris le mouvement.
- ✓ **Le système rénal,** qui filtre le sang et produit des déchets sous la forme d'urine.
- ✓ **Le système reproductif,** qui fonctionne en relation étroite avec le système endocrinien pour produire et équilibrer les hormones essentielles à la reproduction humaine.
- ✓ **Le système respiratoire,** qui contrôle la respiration et collabore étroitement avec le système cardiovasculaire pour le transport et le transfert de l'oxygène à travers l'ensemble du corps, et l'élimination de déchets sous la forme de dioxyde de carbone.
- ✓ **Le système sensoriel,** qui travaille en lien étroit avec le système nerveux pour transmettre de l'information sensorielle au cerveau.

Tous ces systèmes nécessitent des macro- et micronutriments pour fonctionner au mieux. Les macronutriments sont les hydrates de carbone (qui nous fournissent l'énergie), les graisses (dont nous avons besoin pour la production d'hormones et aussi pour stocker l'énergie) et les protéines (qui apportent les matériaux de construction de nos cellules) ; les micronutriments sont les vitamines, les minéraux, les enzymes et autres choses qui aident à améliorer la santé des tissus connectifs de notre corps, la structure cellulaire, les processus biochimiques, et une myriade d'autres fonctions qui assistent dans leurs activités les principaux systèmes du corps. Ah, et n'oublions pas que nous avons aussi besoin d'eau.

Macro- et micronutriments

Bien que la nutrition ne soit pas le véritable sujet de ce livre, afin de comprendre pourquoi l'orthorexie – qui éradique de votre alimentation certains nutriments – est mauvaise pour la santé, il est crucial d'avoir une compréhension minimale de ce que sont les nutriments et de ce qu'ils font dans le corps. Cet encadré résume les macronutriments, tandis que les principaux micronutriments sont présentés dans l'encadré suivant. (Il y en a beaucoup plus ; ce tableau n'est qu'un aperçu.)

Hydrates de carbone

Les hydrates de carbone de l'alimentation ont pour principales fonctions :

- ✓ d'apporter l'énergie pour l'activité physique ;
- ✓ d'apporter l'énergie pour le bon fonctionnement des organes ;
- ✓ de réguler les niveaux de glucose sanguin pour le fonctionnement du cerveau ;
- ✓ d'éviter de puiser dans les protéines pour trouver de l'énergie ;
- ✓ d'éviter la cétose, qui résulte de la destruction des graisses ;
- ✓ d'apporter les bons niveaux de fibres (dans les aliments à base de grain complet) pour des intestins en bonne santé.

De bonnes sources d'hydrates de carbone seront : les céréales complètes, les haricots, les légumineuses, les pommes de terre, les fruits, les légumes et les produits laitiers.

Protéines

Chaque cellule de notre corps contient des protéines, il est donc essentiel pour votre santé de satisfaire votre besoin protéinique. Les principales fonctions des protéines dans l'alimentation sont :

- ✓ de réparer et renouveler les tissus corporels et les muscles ;
- ✓ de synthétiser les hormones, en particulier l'insuline ;
- ✓ de synthétiser des enzymes qui se lient aux molécules pour accélérer les réactions chimiques dans le corps ;

✓ d'aider le système immunitaire en l'aidant à construire des anticorps pour repousser les invasions ;
✓ d'apporter de l'énergie quand les ressources en hydrates de carbone sont trop basses.

De bonnes sources de protéines seront : le poisson, la volaille, les œufs, la viande, le tofu, les haricots et les légumineuses.

Graisses

Les principales fonctions des graisses de l'alimentation sont :

✓ d'assurer une source d'énergie de secours, quand les hydrates de carbone ne sont pas disponibles ou ont été épuisés ;
✓ de soutenir la croissance cellulaire ;
✓ de protéger les organes ;
✓ de protéger le corps par une isolation ;
✓ de faciliter l'absorption des vitamines solubles dans les graisses (A, D, E et K) ;
✓ de synthétiser certaines hormones.

De bonnes sources de graisses essentielles seront : les huiles d'olive et de colza, les poissons gras, les avocats, les graines et les noix.

Les principaux micronutriments

Minéral/ Vitamine	Utilisé pour soutenir	Principales sources dans l'alimentation
Calcium	Santé osseuse Bonnes dents Contraction des muscles Signalisation cellulaire Coagulation du sang Fonction nerveuse	Laitages Y compris le lait, les yaourts et les fromages ; le lait de soja et produits à base de soja ; poisson en conserve avec arêtes.
Fer	Transport efficace de l'oxygène à travers le corps	Viande rouge, œufs, aliments végétaux comme les légumes verts à feuilles, fruits séchés, haricots et légumineuses (à noter que les céréales complètes ne sont pas une source de fibres déterminante dans un régime, à moins que vous ne les combiniez avec la

		vitamine C pour améliorer leur absorption).
Potassium	Signalisation nerveuse Fonction des muscles Équilibre des fluides	Bananes, agrumes, tomates ; légumes verts à feuilles ; haricots et légumineuses.
Zinc	Résistance immunitaire Cicatrisation de blessures Réparation des cellules	Viande ; haricots et légumineuses.
Vitamine D	Résistance immunitaire Humeur Récupération musculaire Santé des os	Poisson en conserve avec arêtes ; certains laits et margarines enrichis (à noter que la principale source de vitamine D est la lumière du soleil).
Vitamine C	Résistance immunitaire Absorption du fer Réparation des cellules Cicatrisation de blessures	Baies, agrumes, tomates ; la peau des pommes de terre.
Vitamines de type B	Extraction de l'énergie à partir de la nourriture Fonction du système nerveux Fabrication des globules rouges sanguins	Céréales complètes ; légumes verts à feuilles ; de nombreux fruits ; œufs ; viande et volaille.

Régime : les tables de la loi alimentaire

Bien que l'orthorexie soit un trouble de l'alimentation assez récent, régimes et modes alimentaires existent depuis des années : il semble que les hommes et les femmes aient cherché des moyens d'atteindre la perfection de la beauté du corps depuis des temps immémoriaux. Toutefois, on constate une évolution réelle dans la manière dont nous percevons ce que veut dire posséder un corps en bonne santé, et ceci se reflète dans les tendances que nous observons en termes d'alimentation dite saine.

Dans les années 1980 et 1990, quand j'étais une adolescente impressionnable, il n'était question que d'être mince et de parvenir à ce résultat en limitant ses calories. Des régimes comme le Régime Taille et Hanches de Rosemary Conley, WeightWatchers, Slimming World (qui tous existent encore aujourd'hui) se concentrent sur la réduction des calories, que ce soit en réduisant la taille des portions ou en se focalisant sur les aliments riches en nutriments mais stables en énergie (connus sous l'appellation faible-IG). Même avec ces approches, pourtant, une personne au régime pouvait encore maintenir un apport nutritionnellement équilibré de toutes les catégories d'aliments. En effet, du moment que votre apport calorique était inférieur à votre dépense énergétique, vous perdiez du poids.

Aujourd'hui, nous ne sommes heureusement plus dans la mentalité que « mince » rime obligatoirement avec être en bonne santé ou être beau : c'est là une évolution positive, que je salue (si vous regardez les portraits de femmes dans l'histoire de la peinture, vous constaterez que la mode en matière de beauté du corps est cyclique : il se trouve que nous sommes, en ce moment, dans une plutôt bonne phase de ce cycle relatif à l'image et la santé du corps). Par contre, la retombée en termes de tendances alimentaires n'est pas si positive. Aujourd'hui, les régimes les plus populaires ont peu à voir avec les calories qui entrent et les calories qui sortent, mais plus avec la notion de pureté nutritionnelle. Nous le savons, l'orthorexie est moins affaire de perte de poids que de manger « propre » – les modes alimentaires modernes et l'orthorexie, par conséquent, se donnent la main.

Donc, si on ne se focalise pas nécessairement sur la restriction des calories, qu'est-ce qu'on fait ? Les régimes modernes et les engouements nutritionnels tendent à se focaliser sur la suppression de certains ingrédients ou de familles entières d'aliments, parce que ceux-ci sont soupçonnés d'être nocifs, d'une manière ou d'une autre. Les régimes détox, à base de plantes, sans sucre, sans gluten, ou pauvres en hydrates de carbone mais riches en graisses, tous édictent des « règles » selon lesquelles des groupes nutritionnels doivent être rayés de l'alimentation, souvent avec la promesse de quelque avantage pour la santé (et souvent, ce n'est pas la perte de poids). Or ce sont ces règles qui séduisent tant quiconque est potentiellement sujet à l'orthorexie. Pour un esprit orthorexique, suivre ces règles au pied de la lettre (avec un engagement fondamental digne d'une croyance religieuse) représente un comportement positif, même si les effets sont dévastateurs.

Il est une règle qu'on croise sous divers noms dans de nombreux régimes, et qui semble la plus populaire chez les personnes à tendance orthorexique : consommer le moins possible d'hydrates de carbone. Les régimes pauvres en hydrates de carbones se manifestent sous une multitude d'avatars : un régime riche en protéines, comme les régimes Dukan et Atkins, signifie obligatoirement réduire les glucides ; un régime riche en graisses (oui, riche en graisses) comme la diète cétogène, signifie généralement qu'il est pauvre en glucides ; les régimes sans gluten et sans sucre : là encore, pauvres en glucides. Ne vous laissez pas berner. Tous ne sont que le même loup, mais ce loup est un maître du camouflage. Pour comprendre comment un orthorexique se trouve entraîné vers tel régime ou telle tendance alimentaire, il est donc pertinent de commencer par le régime pauvre en glucides.

Le régime pauvre en glucides

Les régimes pauvres en hydrates de carbone, comme la diète cétogène, n'autorisent que 50 g d'hydrates de carbone par jour. Pour vous donner une idée de ce que cela représente en pratique, une pomme de terre de taille moyenne, cuite avec la peau, contient environ 50 g d'hydrates de carbone ; une modeste tranche de pain complet en procure 15 g. En pratique, donc, une personne suivant un tel régime limité en hydrates de carbone ne pourra manger que des légumes, en supprimant toutes les autres sources de glucides (pain, pâtes, riz, laitages et même les fruits). En général, les nutriments proviennent alors principalement des graisses, issues d'aliments tels que la crème, le beurre, l'huile de coco, les noix, les avocats ou les morceaux les moins maigres de la viande.

Des régimes pauvres en glucides plus modérés préconisent généralement autour de 150 g d'hydrates de carbone par jour. Ceci veut dire qu'en général la consommation d'aliments riches en glucides, comme le pain, les pâtes et le riz, doit être réduite significativement. Les flocons d'avoine, la patate douce, le quinoa et les fruits sont tolérés en faibles quantités (peut-être au cours d'un à deux repas par jour) ; tandis que les hydrates de carbone raffinés et transformés sont totalement bannis. Le reste du régime est plutôt riche en protéines, et inclut des aliments tels que les œufs, la viande maigre, le poulet et le poisson.

Quelle est la promesse ?

Principalement, les promesses d'un régime pauvre en glucides sont la perte de poids et la gestion du glucose sanguin, particulièrement pour les personnes présentant un risque de diabète de type 2 ou de maladie cardiaque, et les personnes présentant un risque de certains cancers.

Les personnes susceptibles d'être sujettes à l'orthorexie ou qui le sont déjà, avancent la possibilité de contrôler d'éventuels problèmes de santé à long terme, même quand les pistes de recherche sont ténues, pour valider leur obsession de la réduction des glucides. Même les personnes n'ayant aucune prédisposition à la maladie ou au diabète recourent à la promesse d'un risque réduit comme prétexte pour contrôler leur alimentation.

Sur une note légèrement différente, de nombreux athlètes d'endurance favorisent aussi les manières de se nourrir pauvres en glucides. Ils font l'hypothèse qu'ôter les hydrates de carbone du régime forcera le corps à utiliser les graisses comme combustible, source d'énergie illimitée. Comme je l'ai déjà expliqué, de nombreuses personnes orthorexiques entretiennent aussi une relation peu saine avec l'exercice physique. L'entraînement devient un régime obsessionnel qui fait fi de la souffrance ou de la maladie. Toute suggestion qu'un changement du régime pourrait améliorer la performance est une incitation supplémentaire vers la perfection physique et la pureté.

Vérité ou imposture ?

L'argument scientifique le plus pertinent pour suivre un régime pauvre en hydrates de carbone est qu'il peut améliorer de façon significative la gestion de l'épilepsie. Il existe des indices croissants qu'il peut aussi contribuer à améliorer la stabilité du sucre dans le sang, et maintenir efficacement la perte de poids chez les personnes diagnostiquées avec des diabètes de type 2. Toutefois, il est important d'insister sur le fait qu'il n'y a pas eu d'études dans la durée pour confirmer l'un ou l'autre de ces bénéfices associés aux régimes très pauvres en glucides : autrement dit, bien qu'il puisse y avoir des effets positifs sur le court terme, nous ignorons pour le moment si ces effets sont durables.

Dans une alimentation saine, les experts en nutrition recommandent que nous consommions à chaque repas une portion d'hydrates de carbone de la taille du poing, et que ces hydrates de carbone devraient se trouver sous la forme de céréales complètes, de haricots, de légumineuses, de fruits, de légumes, de lait et de yaourts, plutôt qu'à partir de sources transformées et très sucrées, comme les sucreries, les biscuits ou le pain blanc.

De façon intéressante, la littérature *peer-reviewed*[1] suggère qu'il n'y a pas de différence notable en termes de perte de poids sur une période de deux ans lorsqu'on compare ceux qui réduisent leur prise de glucides à moins de 50 g journaliers (très bas) et ceux qui réduisent le gras (les régimes pauvres en graisses tendent à avoir des apports d'hydrates de carbone normaux ou plus élevés). En considérant le corps comme un système biochimique, cela n'est pas surprenant : ce n'est pas la suppression d'une famille d'aliments qui conduit à un amaigrissement, c'est la réduction des calories qui l'accompagne.

Comparons deux repas : l'un pauvre en hydrates de carbone, l'autre pauvre en graisses. Supposons que votre repas normal de milieu de semaine consiste en un steak, des chips et des petits pois. Vous décidez de réduire vos glucides de sorte que vous éliminez les chips, et peut-être même rajoutez-vous quelques petits pois pour vous caler un peu plus. Même en faisant cela, sans votre portion normale de chips, votre repas contient à présent 250 kcals de moins que lorsque les chips étaient là.

Autre possibilité, vous optez pour un régime pauvre en graisses. Alors, au lieu de votre portion de macaroni au fromage de milieu de semaine, vous avez le bol de pâtes équivalent mais agrémenté d'une sauce tomate-basilic toute simple : éliminer la sauce au fromage riche en graisses en la remplaçant par une version à base de légumes vous fera l'économie de 200 kcals.

1. NdT : journaux scientifiques à comité de lecture.

Dans cet exemple, on note un léger bénéfice net à être sur le régime pauvre en glucides, mais nous souvenant que nous devons examiner notre nutrition sur le cours de semaines et de mois et non pas de jours, globalement la perte de poids sera grosso modo la même, y compris quand les glucides sont présents et que l'absence porte sur un autre élément.

Pour ce qui est de la performance athlétique, des études scientifiques récentes concluent qu'un régime très pauvre en hydrates de carbone n'améliore pas la performance, surtout quand il est question de vitesse. Le corps utilise les hydrates de carbone comme source immédiate de combustible : si vos muscles ont besoin d'énergie, les hydrates de carbone seront donc le meilleur moyen de la fournir. Convertir la graisse en énergie est un processus plus long et peu efficace. Pour les athlètes d'endurance c'est un important moyen permettant de continuer, mais pour la plupart d'entre nous, envisager la graisse comme un combustible est assurément un leurre.

Régimes riches en graisses

On vante beaucoup les mérites des régimes riches en graisses afin de perdre du poids et l'industrie alimentaire a sauté sur l'occasion, offrant un grand choix de solutions riches en graisses prêtes à l'emploi, comme les yaourts à base de noix de coco et divers autres desserts. Cependant, le type de graisse que vous mangez est déterminant.

Une étude du *British Medical Journal* de 2016 a conclu que lorsque les graisses sursaturées (celles contenues par exemple dans le beurre, sur la viande, ou dans l'huile de coco) sont remplacées par des graisses polyinsaturées (comme les graisses qu'on trouve dans l'avocat, l'huile d'olive ou l'huile de colza), et des hydrates de carbone tirés de céréales complètes ou de protéines d'origine végétale, le risque d'accident cardiovasculaire est notablement diminué. Il y a une exception, qui est la graisse saturée présente dans les produits laitiers. Ceci semble n'avoir

aucun effet négatif direct sur la santé cardiovasculaire et peut même être un facteur préventif. Le point à retenir est que se nourrir avec des options riches en graisses n'est pas nécessairement bon pour votre santé : comprendre la nature des graisses et leurs différents impacts sur votre corps selon tel ou tel type de graisse, est ici déterminant.
Auquel cas, à moins que vous ne soyez très vigilent sur les types de graisses que vous ingérez, que vous ne tombiez pas dans le piège des publicités de la grande distribution, et que vous combiniez les bonnes graisses avec les autres nutriments pour vous assurer d'avoir une alimentation équilibrée, suivre un régime riche en graisses et pauvre en glucides sur le long terme peut avoir un effet néfaste sur la santé cardiovasculaire, augmentant vos risques de maladie cardiaque et d'infarctus.

Pourquoi les hydrates de carbone sont-ils essentiels pour la santé ?

Les hydrates de carbone sont constitués de sucres connus sous le nom de saccharides. Cette famille peut être divisée en monosaccharides (composés d'une unique molécule d'hydrate de carbone), en disaccharides (deux molécules), oligosaccharides (de trois à neuf molécules) et polysaccharides (dix molécules et plus).

Mono- et disaccharides sont des sucres « simples », comme le glucose (mono-), le saccharose ou le sucre de canne (di-), ou le lactose ou le sucre du lait (di-). Les oligosaccharides sont les fructo-oligosaccharides, tels que les sucres contenus dans les oignons et les artichauds, ou les galacto-oligosaccharides, comme dans les haricots, les pois, les céréales et le chou. Les polysaccharides se trouvent dans les nourritures contenant de l'amidon, dont les céréales, les pains et les pâtes. On se réfère souvent aux oligo- et polysaccharides comme étant des hydrates de carbone complexes.

Alors, en quoi ceci est-il d'intérêt pour l'orthorexie ? Eh bien, la terminologie « simple » et « complexe » a induit beaucoup de désinformation. On croit souvent que tous les hydrates de carbone simples sont « mauvais ». Parce qu'on suppose qu'ils relâchent vite le sucre dans le flux sanguin, causant une augmentation instantanée du taux de sucre sanguin, qui conduit à des pics d'énergie et des creux et à des changements d'humeur. Les glucides complexes, au contraire, sont tous considérés comme « bons », parce qu'on dit d'eux généralement qu'ils agissent lentement : ils relâchent le sucre lentement dans le flux sanguin, assurant des niveaux de sucre sanguin plus stables. Si catégoriser ainsi les hydrates de carbone permet de disposer d'un système de classification facile, cela ne nous aide guère à nous représenter la vraie qualité nutritionnelle de ces différents types, dans toutes leurs formes alimentaires – et c'est un danger pour quiconque est potentiellement sujet à un trouble alimentaire.

Pour commencer, tous les hydrates de carbone simples n'ont pas été créés égaux. Le fructose, par exemple, est un sucre qu'on trouve dans les fruits et qui en réalité est long à passer dans le sang, mais on le trouve aussi dans des nourritures qui sont riches en nutriments (autrement dit, les fruits contiennent des glucides simples et sont bons pour vous !). En revanche, les hydrates de carbone complexes raffinés comme ceux que l'on trouve dans le pain blanc et les pâtes, élèvent rapidement le sucre sanguin et sont pauvres sur le plan nutritionnel.

La vitesse à laquelle nous digérons une nourriture et assimilons dans notre corps ses nutriments, dépend d'un ensemble de facteurs, dont la combinaison de nutriments présents dans cette nourriture. Lorsque vous consommez des hydrates de carbone, selon que vous ayez des protéines qui l'accompagnent (un sandwich pain blanc au thon, mettons), ou que vous mangiez le fruit entier ou juste son jus (une pomme entière, ou un verre de jus de pomme), cela aura un impact sur la manière dont les sucres agissent sur votre corps. Les protéines et les fibres ralentissent le passage des sucres. À vrai dire, même le type de préparation compte : presser un jus de fruit – qui ôte la peau et entame le processus de destruction des parois cellulaires dans le fruit – produit une boisson qui provoquera une montée rapide du glucose dans le sang.

Les haricots, les légumineuses et les légumes sont également riches en fibres, ce qui les rend difficiles à digérer rapidement. Par conséquent, ils ne contribuent pas au stockage de l'énergie dans le corps et ils n'augmentent le taux de sucre sanguin que lentement. Il n'est pas nécessaire d'éviter les hydrates de carbone dans ces aliments, parce qu'ils rassasient (de sorte que vous n'avez pas de nouveau faim trop vite, ce qui réduit vos probabilités de grignoter), et sont nutritionnellement denses.

Nous venons de descendre en flammes un mythe populaire choyé de nombreux pseudo-nutritionnistes et stars des régimes : celui selon lequel les hydrates de carbone feraient prendre du poids et seraient donc mauvais pour nous. Non, ils ne le sont pas. Les bons hydrates de carbone, consommés de la bonne façon au bon moment en proportions raisonnables, sont une composante cruciale d'une alimentation saine et d'un corps en bonne santé.

Quelle est la bonne quantité ?

L'apport journalier de référence recommandé au Royaume-Uni est de 300 g d'hydrates de carbone pour un homme adulte de poids moyen, et 260 g pour une femme adulte de poids moyen, si elle ou il pratique l'exercice physique de façon modérée (disons 60 minutes trois ou quatre fois par semaine) et désire maintenir son poids dans les limites saines correspondant à sa taille. Ces valeurs sont généralement plus basses aux États-Unis, et varieront de pays à pays, alors cela vaut la peine de vérifier auprès de votre médecin ce qui est recommandé là où vous vivez – la culture, le climat et le style de vie affectent nos habitudes alimentaires de population à population.

Si votre corps a suffisamment d'hydrates de carbone pour satisfaire ses besoins en énergie immédiats, et si les réserves de glycogène du corps sont pleines, tout hydrate de carbone en excès est stocké sous forme de graisse. Toutefois, ne blâmons pas tous les hydrates de carbone : le corps transforme tout supplément d'énergie apporté par l'alimentation – que ce soit sous la forme d'hydrates de carbone, de protéines ou de graisses – en glucose puis le stocke sous forme de graisse.

Ce processus n'a rien de spécifique aux glucides.

Les glucides et votre corps

La fonction principale des hydrates de carbone est d'apporter à votre corps de l'énergie. Comme source d'énergie, votre corps préfère pardessus tout le glucose, si bien que lorsque vous mangez des glucides, c'est la première chose que votre corps fabriquera avec. Vous pourriez être tenté de penser, en ce cas, si vous n'êtes pas un athlète et ne pratiquez l'exercice que modérément, que le glucose serait donc un nutriment peu essentiel compte tenu de votre style de vie. Reconsidérez cela.

À moins que vous ne subissiez une période de jeûne prolongé, le glucose est à peu près l'unique combustible qu'utilise votre corps pour alimenter votre cerveau. Le cerveau ne dispose pas de ses propres réservoirs de combustible. Il en résulte que chaque jour il consomme environ 120 g de glucose – soit l'équivalent d'un apport calorique d'environ 420 kcals. Autrement dit, quand votre corps est au repos, votre cerveau utilise environ 60 % de votre apport moyen en glucose quotidien.

Pourquoi le corps a-t-il besoin de glucides ?

Le cerveau est une zone à la concentration exceptionnelle de cellules nerveuses. Appelés neurones, ces cellules du cerveau utilisent le glucose contenu dans votre alimentation pour alimenter leurs activités cellulaires. Si les niveaux de glucose sont bas à l'intérieur du cerveau, il ne peut plus fabriquer de neurotransmetteurs (les messagers chimiques du cerveau). Il en résulte un écroulement de la communication entre neurones, impliquant en retour que les messages qui disent à notre corps et à notre esprit quoi faire ou comment se concentrer ne passent plus – c'est comme s'ils tombaient dans les failles béantes d'un pont détruit. La plupart d'entre nous ont déjà fait, un jour ou un autre, l'expérience de ce ressenti – souvenez-vous comme il est difficile de se concentrer ou de prendre des décisions quand vos niveaux de sucre sont bas. Pour quelqu'un d'orthorexique qui a éliminé de son alimentation la source de combustible du cerveau, le fonctionnement de ce dernier devient vite défaillant.

Désespérément, votre corps cherche un plan B. Si vous privez votre cerveau de glucose, il signale au foie qu'il a besoin d'aide. Pour commencer, le foie libère de ses réserves du glycogène (obtenu par conversion de glucose en excès), mais ces réserves ne sont pas inépuisables : si vous ne mangez pas d'hydrates de carbone, elles aussi finiront par se tarir. Consciencieusement, l'hormone glucagon entre en scène pour aider le foie à comprendre ce qui se passe et comment y répondre. Le glucagon envoie un signal à votre foie, le prévenant que les niveaux de glucose/glycogène qui circulent sont trop bas et qu'il doit envoyer des doses de combustible en urgence. En réponse, le foie convertit des graisses stockées en cétones – qui fournissent le combustible de secours du cerveau. Si vous comptez trop longtemps sur les seules cétones, cependant, il est probable que vous souffrirez de vertiges, de maux de tête et d'un défaut de concentration. Plus de recherches sont nécessaires pour identifier les effets négatifs à long terme du recours aux cétones, mais des indices circonstanciels lors de cas d'anorexie nous montrent que les fonctions cérébrales pâtissent d'un cerveau utilisant exclusivement les cétones pour se nourrir.

Mais qu'en est-il pour le reste de votre corps ?

Des réserves insuffisantes d'hydrates de carbones (soit que vous n'en mangiez pas assez en premier lieu, soit que vous suiviez des quantités recommandées mais que vous fassiez beaucoup d'exercice physique et ne puissiez jamais recharger vos réserves) poussent votre corps à chercher des sources alternatives d'énergie. En général, ces autres sources seront les protéines et les tissus (musculaires) du corps. Toutefois, les protéines sont indispensables pour effectuer d'autres tâches dans le corps : fabriquer des cellules (y compris les cellules de muscles), entretenir et réparer les muscles, et prendre soin d'autres tissus du corps, dont la peau, les cheveux et les ongles. Une fois les réserves de protéines épuisées, le corps démantèle ses propres tissus pour en faire du combustible – c'est là que vous entrez dans le domaine du gaspillage musculaire. Priver votre corps d'hydrates de carbone, par conséquent, a un effet délétère pas seulement sur votre cerveau, mais sur tous vos tissus corporels.

Pour finir, des recherches sur des athlètes ayant limité leur consommation d'hydrates de carbone montrent une corrélation entre les niveaux très bas d'hydrates de carbone ingérés et la déficience immunitaire. De nombreux athlètes qui n'ont pas assez d'apport énergétique immédiat souffrent d'infections récurrentes, en particulier après un entraînement hautement intensif. Dans des cas plus graves, la restriction des glucides impacte les athlètes au niveau biochimique, ce qui se traduit par un syndrome de surentraînement, dont il faut parfois des années pour sortir, quand cela ne tue pas une carrière sportive.

Micronutriments et glucides

Nous avons déjà établi que l'hydrate de carbone est un macronutriment – de même que les graisses et les protéines, c'est l'un des « big three », les trois nutriments essentiels du corps. Toutefois, les aliments glucidiques contiennent aussi une myriade de micronutriments – vitamines et minéraux qui eux aussi sont essentiels pour la santé (voir le tableau p. 58).

Par exemple, de nombreux hydrates de carbone complexes et de céréales complètes sont riches en vitamines B, nécessaire pour que votre corps libère l'énergie de sa nourriture, et aussi pour la santé du sang, du cerveau et des nerfs. Les fruits séchés, les haricots et les légumineuses apportent du fer, un minéral essentiel impliqué dans l'absorption et le transport de l'oxygène à travers le corps. Le lait et les yaourts ne sont pas seulement de bonnes sources d'hydrates de carbone, ce sont aussi d'importantes sources de calcium, un ingrédient essentiel pour la bonne contraction des muscles, la communication des nerfs et la santé des os.

Régimes sans produits laitiers et santé des os

Il n'est pas inhabituel de voir les personnes souffrant d'orthorexie ajouter restriction alimentaire sur restriction alimentaire, dans un effet cumulatif. Le résultat est de limiter de plus en plus les nourritures permises dans la poursuite d'une pureté qui ne vient jamais. Une combinaison que je vois souvent à ma clinique est d'ajouter le sans laitage au pauvre en glucides – ceci s'avère une combinaison dangereuse pour la santé des os et illustre de quelle façon tous les nutriments coopèrent pour une santé optimale.

De nombreux régimes pauvres en glucides sont naturellement riches en protéines animales, car cela apporte au corps une source d'énergie alternative et le rassasie. En revanche, les régimes riches en protéines abaissent le pH (les niveaux relatifs d'acides et d'alcalins) du corps, pour le rendre légèrement acide. En soi ce n'est pas réellement un problème : votre corps relâche des ions calcium contenus dans vos os pour neutraliser l'acide, rétablissant ainsi l'équilibre acido-basique. Cependant, si vous suivez un régime sans laitage, votre corps n'aura sans doute pas son content journalier de calcium, ce qui signifie que votre os ne peut pas remplacer ce qu'il a perdu. Avec le temps, vos os deviennent plus faibles, augmentant vos risques de fractures et même d'ostéoporose (une maladie de dégénérescence des os).

Trop loin, c'est quand ?

J'aime bien – et je défends – l'idée que nous nous éduquons nous-mêmes sur ce qui est bon ou mauvais dans ce que nous mangeons. Pour la plupart d'entre nous, nous entendons que des dangers se trouvent ici ou là, nous en prenons note, et peut-être devenons-nous plus attentifs – opérant des ajustements mineurs, positifs, à notre alimentation pour notre santé globale et notre bien-être, mais sans que nous en devenions les esclaves.

Pour quelqu'un souffrant d'orthorexie, en revanche, les messages négatifs sont dévastateurs. Les hydrates de carbone sont mauvais pour nous, pauvre en glucides rime avec manger sainement (meilleure santé et plus grand bien-être), si bien que nous devons nous accrocher aux règles du régime tout le temps et coûte que coûte.

Voici quelques-uns des signaux d'alerte précurseurs suggérant que la réduction des glucides a été poussée trop loin :

- ✓ **Léthargie et fatigue** : votre corps vous donne l'impression de patauger dans la mélasse.
- ✓ **Arôme poire-banane dans l'haleine**[2], qui peut vite se muer en halitose. Ces changements se produisent suite à la production de cétones.

2. NdT : « pear-drop » est un bonbon anglais à l'arôme caractéristique de poire-banane dû à l'acétate d'isoamyle.

- ✓ **Constipation** : une nourriture contenant trop peu d'hydrates de carbone dans un régime implique généralement un apport en fibres lui aussi réduit (les céréales, les haricots et les légumineuses sont tous d'importantes sources de fibres dans l'alimentation). La constipation en soi est le signe que votre conduit digestif est en difficulté, et des études récentes ont montré que des hydrates de carbones riches en fibres ont un rôle important à jouer pour optimiser le microbiome des intestins, qui lui-même est une composante importante du système immunitaire et aide à prévenir l'obésité.
- ✓ **Récurrence de vertiges, de maux de tête et difficulté de concentration** : les niveaux bas de glucose sanguin, avec le temps, affectent le fonctionnement du système nerveux.
- ✓ **Faible libido, faiblesse des os et absence de menstruation** : une restriction prolongée en glucides peut interférer avec la capacité du corps à produire des hormones sexuelles que ce soit chez l'homme ou chez la femme. Non seulement ceci impacte notre libido, mais cela diminue aussi la densité des os. Chez les femmes, l'impact sur les hormones sexuelles peut causer des périodes intermittentes, ou conduire à l'arrêt complet des règles (aménorrhée).
- ✓ **État dépressif** : de nombreuses études existent qui ont établi le lien entre de très faibles apports en hydrates de carbone et une humeur maussade voire la dépression. Dans le détail, le mécanisme n'est pas clair, mais on suppose que la réduction des apports en hydrates de carbone empêche la production de sérotonine, notre antidépresseur naturel.
- ✓ **Mauvais sommeil** : le corps a besoin d'hydrates de carbone pour fabriquer « l'hormone du sommeil », le tryptophane, si bien que les adeptes des régimes pauvres en glucides se plaignent de mal dormir. Il y a un effet boomerang à cela, également, car lorsque nous dormons mal nos niveaux d'énergie sont abaissés et nous sommes plus vulnérables aux états dépressifs.

La vérité sur les régimes riches en protéines

Comme nous l'avons déjà mentionné, les régimes riches en protéines sont juste des régimes pauvres en glucides appelés autrement (pâtes et pommes de terre laissant la place au poisson, à la viande rouge, aux œufs et à d'autres aliments riches en protéines comme moyen de se rassasier), si bien qu'ils véhiculent les mêmes handicaps que n'importe quel autre régime pauvre en glucides. Néanmoins, vendus comme riches en protéines, ils semblent aussi apporter leurs propres bienfaits. Le principal de ces bienfaits serait la perte de poids et l'augmentation de la masse musculaire – les bodybuilders et les haltérophiles en sont les grands champions, et au chapitre suivant j'expliquerai de quelle façon ces personnes ont influencé l'orthorexie.

La théorie veut que les protéines apportent les briques constituant les muscles du corps (ainsi que d'autres tissus). Par conséquent, si le corps dispose de davantage de protéines, il dispose d'un plus grand nombre de briques lui permettant de construire une structure physique plus conséquente. Plus nous avons de masse musculaire, moins nous avons de graisse. Ceci, en contrepartie, augmente notre taux métabolique, parce que les muscles accélèrent le métabolisme, du fait qu'ils consomment des calories même au repos. En comparaison, dans les stratégies de perte de poids par comptage des calories, vous perdez à la fois de la graisse et du muscle, ce qui veut dire qu'à un certain moment votre métabolisme ralentira et atteindra un plateau, rendant toute perte de poids supplémentaire difficile à obtenir. En plus de cela, les nourritures fortement protéinées ont un haut degré de satiété, qui vous aide à vous sentir plus rassasié plus longtemps. Si vous vous sentez rassasié, vous serez moins tenté par le grignotage, ce qui implique que globalement vous aurez tendance à consommer moins de calories.

Est-ce qu'ils marchent ?

Comme toujours, ce n'est pas si simple. Pour commencer, un régime riche en protéines avec un exercice anabolique tel que de l'entraînement au poids construira votre masse musculaire. Mais des études montrent que, avec le temps, même si un bodybuilder confirmé aura sans doute besoin d'un peu plus de protéines que vous et moi, il ou elle n'aura jamais besoin des quantités comme celles au début du processus. En fait, une fois que le corps a atteint un nouvel état d'homéostasie (équilibre), il est plus probable que toutes les protéines en excès seront stockées sous la forme de graisse et non de muscles. En gros, le corps s'adapte à la demande de l'entraînement.

Par ailleurs, il est bon de rappeler que manger des protéines ne suffit pas, tout seul, à fabriquer des muscles comme par magie. En réalité, il vous faudra soulever des poids trois à cinq fois par semaine pendant au moins 12 semaines pour pouvoir commencer à noter un changement dans la constitution de votre corps. De plus, si vous réduisez les glucides au profit des protéines, le résultat sera une masse musculaire moindre. Sans les glucides, le corps a plus de mal à produire l'hormone insuline, or sans l'insuline le corps ne peut pas fabriquer du muscle. Il semble donc que, toutes choses considérées, un régime protéiné combiné avec une réduction des glucides dans le but de devenir plus fort et plus svelte, relève plutôt du mythe.

De combien de protéines avons-nous vraiment besoin ?

Un régime équilibré, avec un peu de tout, apportera généralement juste la bonne quantité de protéines pour être en bonne santé. Des recommandations suggèrent qu'un homme dans la norme (70 kg) consomme environ 55 à 70 g de protéines par jour ; et pour une femme dans la norme (60 kg) environ 48 à 60 g (la formule est 0.8-1 g de protéine par kilo de poids du corps). Et le corps utilisera mieux ces protéines si elles sont accompagnées d'hydrates de carbone. Donc, pensez :

- ✓ une pomme de terre en robe des champs avec du thon (une demi-boîte de thon apporte environ 10 g de protéines) ;
- ✓ une portion de poulet de la taille d'une boîte de sardines avec une poignée de riz (environ 20 g de protéines) ;
- ✓ deux œufs sur un toast (environ 12 g de protéines).

Cela vous donne une idée.

Basculer au sans gluten

Nous avons déjà montré qu'un régime sans gluten est un régime pauvre en glucides qui porte un autre nom. Toutefois, il faut lui accorder une mention particulière, car bien sûr, il est des circonstances où suivre un régime sans gluten est essentiel pour la santé. Dans l'esprit orthorexique, cette authentique raison médicale devient l'excuse parfaite pour suivre des règles alimentaires jusqu'au stade de l'obsession.

Le gluten est la protéine qu'on rencontre dans le blé et les céréales apparentées, comme l'orge ou le seigle. Par conséquent, c'est un constituant des aliments comme le pain, les pâtes et les céréales, et de nombreux aliments préparés tels que les burgers ou les saucisses (car elles contiennent souvent de la panure), et des boissons comme la bière ou le whisky.

L'épidémie du sans gluten

Au cours de ces dernières années, on a beaucoup écrit sur les effets du gluten sur le corps – de nombreuses personnes l'ont accusé d'être la cause de symptômes comme les ballonnements, l'épuisement et les douleurs articulaires –, conduisant à une mode impressionnante de la « chasse au gluten ». Les distributeurs et les fabricants ont sauté sur cette opportunité : même des aliments comme le riz, les yaourts ou les fruits secs, qui sont par nature sans aucun gluten, se voient maintenant vantés comme tels sur les emballages. J'ai même vu des lotions pour le corps étiquetées « sans gluten ». De nombreuses personnalités publiques, incluant des athlètes, des célébrités et des blogueurs de l'alimentation, ont rapporté les plus en termes de santé et de performance, consécutifs à l'élimination du gluten dans leurs régimes ; certains sont même allés jusqu'à dire que cela avait guéri de maladies, en particulier de conditions auto-immunes, telles que l'arthrite rhumatoïde, la sarcoïdose, la maladie de la thyroïde, et j'en passe. Cela se fonde sur l'hypothèse que le gluten provoquerait une inflammation dans le corps, et que cette inflammation en retour conduirait le système immunitaire à attaquer les cellules de son propre corps.

Enfin, un grand nombre prétend que parce que le système digestif peine à décomposer le gluten présent dans la nourriture, le gluten dans l'alimentation empêche de perdre du poids. Auquel cas, en théorie, éliminer le gluten conduit à perdre du poids.

Vérité ou imposture ?

Même s'il est vrai que le corps a plus de mal à décomposer le gluten que d'autres formes de protéines, des corps en bonne santé sont parfaitement aptes à le faire, le corps absorbant et utilisant le gluten selon les besoins.

Il n'y a aucune preuve scientifique suggérant qu'il y ait nécessairement un quelconque bénéfice à suivre un régime sans gluten, sauf raison médicale de le faire (voir l'encadré p. 79). Les affirmations comme quoi ceux qui suivent un régime sans gluten se sentiraient moins ballonnés et en meilleure santé, sont sans doute exactes – mais ce n'est pas nécessairement le gluten qui était le problème. Si vous réduisez les hydrates de carbone raffinés et transformés aux niveaux recommandés (pour rappel, de toute façon, nous mangeons beaucoup trop de pain blanc et de pâtes), vous vous sentirez « plus léger ».

Nous avons tous une tendance à être facilement entraînés, mais l'esprit orthorexique est particulièrement influençable dès qu'il s'agit de toute approche diététique pour laquelle existent des affirmations concernant la purification du corps. Le sans gluten, avec toute la tendance et la publicité, séduit immédiatement : « si c'est dans les news, si untel ou untel le fait, si c'est écrit en gros sur l'emballage, alors ce doit être bon pour moi. » Pourtant, ne tombez pas dans le panneau de croire qu'un régime sans gluten est nécessairement meilleur pour la santé qu'un régime qui autorisera le gluten. Les produits sans gluten sont généralement exempts de céréales complètes, lesquelles (par exemple) nous apportent des vitamines B et des fibres (on peut trouver des céréales sans gluten), et aussi, ils sont plus riches en graisses et en sucre, comme cela les améliore au plan gustatif.

Maladie cœliaque

La seule condition auto-immune qui réclame vraiment un régime sans gluten est la maladie cœliaque. Cette maladie se produit quand le fait de manger du gluten pousse le système immunitaire à attaquer la paroi interne du petit intestin, l'endommageant au point qu'il devient incapable d'absorber les nutriments vitaux de la nourriture tels que le calcium, le fer et les hydrates de carbone. Les symptômes de la maladie cœliaque sont généralement une perte de poids, une extrême fatigue (qui résulte du déficit en fer), un ballonnement et des selles très fréquentes. Des niveaux de calcium très bas signifient que ceux qui souffrent de la maladie cœliaque présenteront un risque accru d'ostéoporose. Le seul traitement connu pour cette maladie est d'éviter totalement le gluten. Aussitôt qu'une personne a reçu un tel diagnostic médical, on lui conseillera d'adopter sans délai un régime sans gluten, que cette personne devra suivre à vie. Dans ce cas précis, basculer au sans gluten est réellement essentiel pour être en bonne santé.

Le sans gluten et la perte de poids

Nous savons que l'orthorexie se focalise surtout sur la santé parfaite plus que sur la perte de poids. Néanmoins, les prétentions à faire perdre du poids abondent à propos des régimes sans gluten, par conséquent il n'est pas inutile d'examiner d'où viennent ces affirmations et pourquoi – et si elles sont fondées ou non.

Les partisans des régimes sans gluten nous affirment que le gluten chamboule le microbiome intestinal – l'équilibre délicat de la flore intestinale qui représente une part essentielle de la santé de nos intestins et de notre système immunitaire. Il y a un début de preuve, encore embryonnaire, qu'un microbiome en mauvaise santé conduirait à une prise de poids. Pourtant, optimiser son microbiome ne se cantonne pas à manger ou non du gluten – il y a de nombreux facteurs nutritionnels qui entrent en jeu, y compris l'introduction des céréales complètes, dont beaucoup contiennent pourtant du gluten, mais qui sont des sources importantes de prébiotiques. Le corps utilise les prébiotiques pour nourrir les probiotiques – un autre nom pour la flore intestinale – afin qu'ils puissent coloniser nos intestins et établir un environnement optimal pour la santé.

Cela dit, les régimes sans gluten tendent en effet à faire perdre du poids : alors, pourquoi ? La réponse est simple : pour toutes les raisons pour lesquelles un régime pauvre en glucides vous fera perdre du poids. C'est l'élimination des calories, plus que l'élimination du gluten, qui produit un résultat.

Le sans gluten et les dangers pour la santé

Il est bon de se rappeler que dans l'esprit orthorexique, adhérer au sans gluten est un moyen d'atteindre un état de pureté physiologique. Un régime sans gluten offre une opportunité idéale de fixer des règles ; d'exercer un besoin de contrôle. Pourtant, si le corps n'a certes pas besoin de gluten en tant que tel pour se maintenir en bonne santé, il y a de nombreux autres nutriments dans les aliments contenant du gluten dont le corps a en revanche besoin.

Prenons un exemple. De nombreux chantres des régimes sans gluten encouragent l'utilisation de légumes spiralisés en lieu et place de spaghettis – même pour remplacer des spaghettis sans gluten. Même si je suis une grande amatrice de légumes, ils n'apportent pas tout ce qui est nécessaire à la santé. Comparons :

- ✓ Une portion de 140 g de spaghettis au blé complet sans gluten apporte 38 g d'hydrates de carbone, 7,5 g de protéines, 0,8 g de graisses et 6,3 g de fibres. Elle apporte aussi 8 % de notre besoin journalier en fer et c'est une grande source de toutes les vitamines B à l'exception de la B12 (qu'on ne trouve que dans les substances animales).
- ✓ En comparaison, une portion similaire de légumes spiralisés apporte 10 g d'hydrates de carbone, aucune protéine, aucune graisse, et 2 g de fibres. Elle ne fournit aucun fer et seulement un petit pourcentage de vitamine B6 (et aucune des autres vitamines).

Si quelqu'un souffrant d'orthorexie peut se sentir vertueux parce qu'il ou elle a supprimé le gluten, et par conséquent les hydrates de carbone, en fait le résultat global sera d'avoir privé le corps de quantités non négligeables d'autres nutriments essentiels à la santé. Un repas spiralisé peut vous donner l'impression d'être un végétarien rassasié, pour une courte période, mais rapidement votre corps vous rattrapera. Des messages iront au cerveau pour l'avertir qu'il faut manger plus – et alors, l'une ou l'autre des options suivantes risque de se produire :

- ✓ Peut-être ignorerons-nous ces signaux, et nous nous réprimanderons d'avoir faim, avec l'impression, d'une certaine manière, d'avoir « failli » dans notre poursuite du suivi des règles, perpétuant ainsi le cycle de l'image de soi négative.

✓ Ou peut-être céderons-nous à la faim, grignoterons-nous un encas, et alors – encore – nous nous détesterons d'avoir échoué dans notre poursuite du suivi des règles.

L'une comme l'autre de ces issues met en place un cycle d'émotion négative, qui, en retour, ne peut qu'exacerber l'orthorexie.

Retour à la réalité : ballonnements et gluten

Il est très facile de blâmer le gluten pour des problèmes de ballonnement. J'ai vu tant de patients à ma clinique ayant eux-mêmes diagnostiqué le gluten (ou le fait de manger des aliments comme les pâtes) comme raison pour laquelle ils se sentent ballonnés ou inconfortables. Mon instinct dans ces cas-là me pousse à recueillir plus d'informations, ce qui souvent révèle qu'en réalité c'est la taille de la portion qui est le problème – pas ce qui constitue le repas lui-même.

Pour chaque gramme de pâtes que vous mangez, votre corps retient jusqu'à 4 g de fluide – les maths sont vraiment simples. La solution est simple aussi : réduisez la taille des portions, et si vous voulez avoir le sentiment de manger un peu plus, rajoutez par-dessus des légumes spiralisés – ainsi vous aurez le bénéfice des hydrates de carbone, plus quelques vitamines différentes (telles que la vitamine C) apportées par les légumes.

Trop loin, c'est quand ?

Comme je l'ai dit, réduire l'apport en glucides d'une façon modérée ne nuit pas nécessairement à la santé. Alors, quand savons-nous que les choses sont allées trop loin ? Lorsque les spaghettis sont systématiquement remplacés par les légumes spiralisés ou que les feuilles de laitue remplacent les wraps de pain ou les sandwichs, alors, je pense, le moment est venu de faire une pause et de vous interroger sur ce qui motive les changements dans votre assiette (en supposant, naturellement, qu'il n'y a pas une raison médicale pour supprimer le gluten de votre alimentation).

En prenant un peu de recul, il peut s'avérer éclairant de rechercher comment s'est produit le glissement vers ces habitudes : ce qui a pu commencer comme un régime simplement plus équilibré, où l'on vérifie les glucides (par exemple en mangeant plus d'hydrates de carbone que de glucides raffinés), peut évoluer vers un régime pauvre en glucides, qui à son tour devient un régime sans gluten. Une fois que ce glissement vers une restriction nutritionnelle est devenu hors de contrôle et commence à interférer avec la vie de tous les jours et la prise de décision, ce n'est plus la personne qui contrôle son régime, c'est le régime qui contrôle la personne.

L'ironie est que le besoin d'atteindre la pureté par le biais d'un contrôle diététique strict, en fait, aura eu l'effet opposé. Les conséquences peuvent être une carence nutritionnelle significative et une maladie physique associée à une alimentation perturbée. (Gardez à l'esprit, s'il vous plaît, si vous connaissez quelqu'un à ce stade de la maladie et suivant un régime sans gluten, que le besoin d'éliminer le gluten devient une prophétie autoréalisatrice : n'ayant digéré aucun gluten depuis longtemps, le corps a « oublié » comme faire. Toute réintroduction dans l'alimentation doit être lente et mesurée afin de laisser au corps le temps de se réadapter.)

Le régime sans sucre

Si je devais choisir un ingrédient alimentaire à propos duquel il y a le plus de confusion et de désinformation, ce serait le sucre. Ces dernières années, le sucre a été désigné comme le bouc émissaire d'une mauvaise santé, accusé d'être responsable de l'essor de l'obésité et des diabètes de type 2. Diaboliser un unique ingrédient alimentaire pour expliquer une épidémie qui concerne toute une population, m'a toujours rendue un peu sceptique. En réalité, des études montrent que l'obésité est une maladie multifactorielle, qu'être obèse ou en surpoids peut élever les risques de développer un diabète de type 2, mais que ce n'est pas une fatalité.

Nous trouvons les régimes sans sucre, eux-mêmes une version des régimes pauvres en glucides, en plusieurs tailles et formats. Certains régimes recommandent de supprimer les sucres ajoutés (autrement dit, oublier les aliments où le sucre ne se trouve pas à l'état naturel mais y a été ajouté) ; mais d'autres sont plus extrêmes et préconisent de supprimer tous les sucres raffinés. Ce qui veut dire, essentiellement, supprimer tout hydrate de carbone blanc (transformé), dont le sucre de table, et les produits ou les plats composés avec de la farine blanche, des pâtes, du riz et du pain blancs. Le régime remplace le sucre raffiné par des sucres naturels, tels que le sirop d'érable, le miel, la mélasse, ou le sucre de noix de coco. Les hydrates de carbone blancs transformés sont, eux, remplacés par des produits qui utilisent des farines complètes ou d'épeautre – nous les trouvons dans les commerces sous la forme de pâtes ou de pain complets, par exemple.

Les promesses d'un régime sans sucre

Les régimes sans sucre promettent une pureté de la santé qui se voit dans une peau lumineuse, des yeux pétillants et des mèches sublimes. De plus, leurs défenseurs affirment que limiter le sucre optimisera le poids et les niveaux d'énergie, et ralentira les effets du vieillissement.

Alors, d'où viennent ces affirmations ? Manger des sucres raffinés provoque effectivement un boost suivi d'un plongeon des niveaux de sucre sanguin, mettant la pression sur la fabrication d'insuline par le corps, l'insuline étant l'hormone qui équilibre les niveaux de sucre dans le sang. Souvenez-vous que lorsque le corps relâche de l'insuline, il utilise le glucose en excès comme sa réserve immédiate de combustible, puis fait des provisions avec tout glucose qui reste, sous forme de graisse. Pour cette raison, le sucre dans les régimes est tenu pour responsable du gain de poids.

Par ailleurs, les partisans du sans sucre prétendent que le sucre raffiné est presque addictif – on a suggéré que manger du sucre entraîne des envies de sucre. Plus vous en mangez, plus vous êtes en demande, ce qui conduit à l'excès. On pense que les alternatives naturelles au sucre blanc ont une libération du glucose dans le corps qui est plus lente, et qu'elles apportent au corps des minéraux et des vitamines additionnels.

Enfin, ces partisans disent que le glucose en excès dans le système se lie aux protéines « de jeunesse » de la peau, ce qui les rend fragiles et contribue donc aux signes du vieillissement.

Vérité ou imposture ?

Un rapport de 2015 du Comité Scientifique et Consultatif sur la Nutrition (SACN) du Royaume-Uni, a déterminé que le sucre « ajouté » ou « libre » ne devrait pas dépasser 5 % de l'apport calorique total d'un adulte moyen, jusqu'à un maximum de 30 g par jour.

Cette recommandation se base sur une évaluation du SACN quant aux façons dont les sucres libres accroissent, de manière démontrable et mesurable, les risques de caries dentaires et leurs impacts sur l'apport calorique total. En général, une ingestion plus importante de sucre libre augmentera le risque d'un apport calorique globalement plus élevé, augmentant à son tour la probabilité que la personne mange plus que les recommandations caloriques officielles. Là encore, ceci conduit à une probabilité plus grande de devenir obèse. À l'inverse, réduisez l'apport en sucre, et le problème commencera à s'estomper.

Il est important d'insister sur le fait que ces travaux portaient sur la consommation de sucre raffiné, et pas sur le sucre qui se trouve présent à l'état naturel dans les fruits (appelé fructose) ou dans le lait (lactose). Ce sont les sucres « intrinsèques » et, en réalité, les seules formes de sucre « naturelles » .

Les sucres « libres » incluent :

✓ le sucre blanc de table,
✓ le sucre brun,
✓ le miel,
✓ le sirop d'érable,
✓ le sirop d'agave,
✓ le sucre de noix de coco,
✓ la mélasse,
✓ le sirop de datte,
✓ le sirop de glucose (maïs) riche en fructose.

Il est intéressant de voir que ceux qui revendiquent un style de vie bannissant le sucre raffiné au motif de bénéfices pour la santé, promeuvent souvent l'utilisation de sirop d'érable, de miel, de sirop de datte et sucre de coco comme des alternatives acceptables. Ils prétendent que ces sucres végétaux sont meilleurs pour nous, parce que, outre qu'ils contiennent des minéraux additionnels, ils libèrent aussi l'énergie à un rythme plus lent que le sucre de table, stabilisant de ce fait les niveaux de sucre sanguin et nous aidant à nous sentir plus satisfaits plus longtemps. Et ici, nous avons affaire à une imposture de plus.

Pour commencer, penchons-nous sur les qualificatifs « raffiné » et « non raffiné ». Le terme raffiné se définit comme l'élimination d'éléments non souhaités ou d'impuretés, grâce à un traitement. Dans le contexte de la nourriture, ceci ne fait pas automatiquement de l'aliment qui en résulte un danger pour la santé. Prenons cela en termes plus simples : si vous deviez manger une pomme sans sa peau, même si la pomme n'avait plus tous les nutriments qu'elle pourrait nous offrir du fait qu'elle a été pelée, elle ne serait pas pour autant *mauvaise* pour la santé – la pulpe et le cœur ont encore de quoi nous nourrir.

De plus, c'est un leurre que de croire que le sucre blanc raffiné soit vraiment fondamentalement différent du sirop d'érable que vous trouvez en bouteille. Le sucre blanc est extrait d'une plante, la canne à sucre ; le sirop d'érable est extrait de la résine d'un arbre, l'érable. Lorsque nous les consommons, le corps traite ces deux types de sucres transformés exactement de la même manière. Et, ironie, l'ingrédient principal du sirop d'érable est en fait le saccharose (le sucre blanc). Bien que je pense que le corps soit une machine absolument prodigieuse, il n'a pas dans son système la capacité d'identifier la provenance d'un sucre : du sucre est du sucre. Si vous surconsommez du sirop d'érable, ce n'est pas meilleur pour vous que si vous surconsommez du sucre blanc de canne.

Mais, qu'en est-il des affirmations relatives au supplément de minéraux et à la belle peau ? C'est vrai que le sirop d'érable a une composition légèrement supérieure en magnésium, mais cela n'a de sens pour votre corps que si vous aviez l'intention de manger 100 g de sirop d'érable au lieu de 100 g de sucre blanc – et je ne vous encourage à faire ni l'un ni l'autre.

Pour finir, il existe peu d'indices pour suggérer qu'un type de nourriture particulier, fut-ce le sucre ou les haricots verts, pourrait avoir un effet drastiquement positif ou négatif sur notre apparence. Votre apport nutritionnel global, ainsi que votre exposition au soleil, et vos niveaux d'hydratation, d'activité physique et de stress, et, très important, votre patrimoine génétique, contribuent tous à l'aspect de votre peau.

Les régimes sans sucre nous égarent de tant de façons. Ils nous donnent une impression erronée sur ce qu'est le sucre et sur la qualité relative d'un type de sucre par rapport à un autre. Pour les orthorexiques qui rayeront le sucre de leur alimentation en suivant des règles strictes jusqu'au point obsessionnel, s'ensuivront tous les périls propres à un régime pauvre en glucides (souvenez-vous que sans sucre est une autre façon de dire pauvre en glucides) : fatigue extrême, mauvaise concentration et mauvais sommeil, et dysfonctionnement hormonal et de la santé des os, pour n'en citer que quelques-uns.

Psychologiquement, ce qui commence par une limitation des sodas et des bonbons (et je suis d'accord que nous aurions tous à gagner en réduisant sur ces choses-là) se mue en panique sur la quantité de fructose contenu dans un yaourt aux fruits industriel (les bénéfices des protéines et du calcium dépassent de loin toute montée potentielle du sucre sanguin dû au sucre raffiné du yaourt). Quand vous commencez à chercher le sucre, vous réalisez qu'il est partout. Viser à l'éradiquer, c'est encourager une conviction obsessionnelle et compulsive qui aura pour conséquence un déficit nutritionnel global, et non pas la pureté physiologique.

Hydrates de carbone raffinés : info et intox

Dans un régime sans sucre, les règles suppriment les hydrates de carbone raffinés et une question que mes clients me posent fréquemment, les hydrates de carbone sont-ils réellement si mauvais pour nous ? La réponse courte est non ; consommés avec modération ils ne sont pas mauvais pour nous – c'est la quantité que nous mangeons qui devient un problème.

Les pâtes fabriquées à base de farine blanche de blé dur ne sont pas très transformées, donc bien qu'elles soient raffinées (car la farine est blanche), elles demeurent relativement nutritives. De même, le riz blanc a été dépouillé de la balle, du son et du germe, ce qui change son goût et réduit la quantité de fibres, mais ce riz procure encore les hydrates de carbone, les protéines, les minéraux et les vitamines dont le corps a besoin.
La seule exception à cette règle est le pain blanc, mais là je ne parle pas d'une miche de pain blanc sortie du four du boulanger ; je parle surtout du pain blanc tranché que vous pouvez acheter en supermarché. Voici un produit qui a été énormément transformé et qui apporte très peu de valeur nutritionnelle.
En tant que nutritionniste, j'encourage de tout cœur les personnes à privilégier les versions complètes des aliments pour satisfaire leurs besoins quotidiens en fibres, toutefois je ne diabolise pas leurs versions blanches. Souvenez-vous que la manière dont vous cuisinez un hydrate de carbone, ou ce que vous servez avec, influence aussi la capacité du corps à l'absorber et à l'utiliser. Bien que les sucres contenus dans le riz blanc soient un peu plus rapides à absorber que ceux du riz complet, si je mange du riz blanc avec mon curry de légumes thaï préféré, le contenu en graisses plus élevé du curry ralentira l'absorption du glucose de toute manière.

Régime sans sucre et état d'esprit orthorexique

Ainsi que nous l'avons vu, le corps a besoin d'un apport assez régulier en hydrates de carbone pour fonctionner efficacement, et ce besoin concerne particulièrement le bon fonctionnement de votre cerveau (voir l'encadré p. 69).

Toutefois, la culture populaire, si empressée à diaboliser le sucre, fait beaucoup pour entretenir l'état d'esprit orthorexique. S'il n'y a aucun besoin physiologique de sucre libre dans notre alimentation, il est important de souligner, toutefois, que même les recommandations du SACN suggèrent qu'il peut aller jusqu'à 5 % de notre apport calorique quotidien. Si nous parlons de règles, alors il n'existe aucune règle scientifique pour affirmer que le sucre raffiné n'a pas de place dans l'alimentation. Pas plus que le « 5 % » n'est une limite stricte – c'est une recommandation d'apport journalier, mais un petit peu plus un certain jour ne sera certainement pas la fin du monde. Les recommandations ne sont là que pour nous donner un sens de ce qui rentre dans des critères sains, de sorte que nous ne surconsommions pas systématiquement. On a le droit de s'autoriser un petit écart de temps en temps.

Les régimes à base de plantes

Jusqu'ici nous avons vu diverses déclinaisons des régimes pauvres en hydrates de carbone – ce qui, quelle que soit la forme que cela prend, est la règle numéro un chez les orthorexiques. Mais, si la première règle est de baisser les glucides, celle de ne manger que des aliments d'origine végétale vient aussitôt après.

Il y a un battage médiatique pour nous dire que nous mangeons trop de viande, trop de produits laitiers, et trop peu de légumes. Le résultat de tout cela, au final, est que de nombreuses personnes ont associé l'idée d'une plus grande consommation de fruits et légumes avec celle d'un corps plus pur et en meilleure santé. Certaines études nous disent qu'augmenter notre consommation de fruits et légumes aidera à nous prévenir contre certaines maladies. Tout ceci est vrai, mais – comme toujours – ce n'est pas tout à fait aussi blanc ou noir que cet engouement laisserait croire.

Qu'est-ce qu'un régime à base de plantes ?

N'importe quel régime se rapprochant d'une alimentation végétarienne ou végétalienne peut se définir comme un régime à base de plantes. Par exemple, un régime à base de plantes pourrait être :

- ✓ **Végétalien :** exclut tout produit animal, c'est-à-dire la viande, les produits de la mer, la volaille, les œufs et les produits laitiers.
- ✓ **Végétalien crudivore :** comme végétalien, mais excluant aussi toute nourriture cuite à des températures supérieures à 48°C/118°F.
- ✓ **Lacto-végétarien :** exclut les œufs, la viande, les produits de la mer et la volaille, mais inclut les produits laitiers.
- ✓ **Ovo-végétarien :** exclut la viande, les produits de la mer, la volaille et les produits laitiers, mais inclut les œufs.
- ✓ **Lacto-ovo-végétarien :** exclut la viande, les produits de la mer et la volaille, mais inclut les œufs et les produits laitiers.

Ces dernières années, un certain nombre de blogueurs de l'alimentation et de la santé ont resserré un peu plus les règles de l'alimentation végétale, en défendant l'idée qu'un régime à base de plantes ne devrait tolérer que des aliments végétaux « complets », c'est-à-dire sans conservateurs ni colorants, arômes, édulcorants artificiels, sans graisses hydrogénées, et ne contenant aucun sucre raffiné.

Pourquoi ces règles séduisent-elles ?

Rappelons-nous, l'esprit orthorexique recherche la pureté du corps. Les règles des régimes à base de plantes sont terriblement séduisantes, sur ce plan-là, pas seulement parce qu'un régime riche en aliments végétaux est prétendument meilleur pour la santé (en particulier pour la prévention des maladies cardiovasculaires et pour réduire le risque de diabète de type 2 et d'obésité), mais aussi parce qu'éviter la viande et les produits issus d'animaux est perçu comme éthiquement pur. De plus, récolter des légumes est moins coûteux et plus écologique, toutes choses considérées, que produire de la viande. Toutefois, les valeurs éthiques ne sont pas une excuse pour manger d'une façon qui met en péril la santé – il est parfaitement possible d'être en bonne santé et de manger d'une façon durable et qui respecte le bien-être animal.

Vérité ou imposture ?

Il y a de nombreux travaux suggérant que notre santé peut bénéficier d'une alimentation riche en fruits et légumes et autres produits d'origine végétale (comme les haricots et les légumineuses), raison pour laquelle les recommandations des gouvernements dans les pays développés nous encouragent à passer de cinq fruits et légumes par jour à huit, et d'une façon plus générale, à augmenter notre apport en fruits, légumes, haricots, légumineuses, céréales, noix et graines. Toutefois, ceci ne veut pas nécessairement dire qu'il faille suivre un régime exclusivement basé sur les plantes.

Aux États-Unis, des chercheurs sont en train d'éprouver la notion qu'un régime essentiellement à base de plantes serait un moyen bon marché et présentant peu de risques de gérer certaines maladies chroniques. Ils espèrent que cela réduira la quantité de médicaments que les médecins doivent prescrire aux personnes qui souffrent de diabète de type 2, de maladies cardiovasculaires, de tension élevée, ou d'obésité.

D'après mes propres recherches, de nombreuses références médicales montrent que le végétarisme et le végétalisme sont corrélés à de faibles IMC (indices de masse corporelle) et à un moindre nombre d'incidents découlant de problèmes de santé associés au fait d'être en surpoids. Cependant, ce que je vois dans ma clinique me raconte une histoire un peu différente.

Dans ma pratique, je rencontre des personnes qui sont passées au végétarisme ou au végétalisme sous prétexte d'améliorer leur santé et leur forme physique, mais pour qui ceci a conduit à de pauvres choix nutritionnels. Par exemple, au lieu de manger de la viande ou du poisson, pour obtenir les protéines ils auront substitué du fromage, qui est riche en graisses et en sel. Un végétalien remplacera peut-être le beurre par des huiles et des beurres de noix, mais ceux-ci sont riches en graisses et en calories. De telles substitutions malheureuses peuvent avoir pour résultat qu'on prendra du poids. Encore une fois, il s'agit simplement d'énergie qui entre et d'énergie qui sort.

La dolce vita

Parenthèse intéressante, les athlètes les plus en forme que je tends à rencontrer sont souvent ceux qui adoptent le style méditerranéen dans leur alimentation, ce qui naturellement inclut un pourcentage élevé d'aliments d'origine végétale, sous forme de légumes et de fruits, ainsi que du poisson plutôt que de la viande, et des huiles d'olive et de colza plutôt que du beurre. Incidemment, notez qu'un régime méditerranéen tend à inclure aussi des hydrates de carbone.

Entreprendre un régime à base de plantes qui soit réellement bon pour sa santé, ne consiste pas simplement à supprimer tous les produits d'origine animale. Cela requiert une éducation puis une planification rigoureuse (*a minima* des plannings hebdomadaires des repas et des listes de courses, au moins au début) afin de garantir que le corps trouvera les bonnes quantités de protéines, de fer, de calcium et de B12 dont il a besoin. Tous ces nutriments sont difficiles à trouver dans une nourriture exclusivement végétale : il vous faudra aller les chercher (voir l'encadré p. 95).

Tendances pour l'orthorexie

J'adorerais pouvoir écrire que la mode récente des régimes à base de plantes vient du fait que nous avons enfin pris conscience du bien-être animal et faisons ce choix de ne plus manger de viande pour des raisons éthiques. Mais, si j'utilise le terme « mode », c'est volontairement. Le végétarisme et le végétalisme sont devenus populaires car nous avons eu une vague de blogueurs dans les médias, et même de célébrités, qui ont clamé que c'était le remède miracle contre les maladies humaines.

Je tiens à dire très clairement que je ne suis pas anti-végétarien ni anti-végétalien : il se trouve que je suis végétarienne depuis que j'ai 13 ans. En partie, cela vient de mon éducation familiale : mes parents sont d'origine indienne, et j'ai grandi avec une alimentation pour l'essentiel à base de plantes. Un repas du soir typique consistait en riz avec du dahl, ou des chapati et des pois chiches et un curry de légumes. Mes parents n'insistaient pas pour que je suive un régime végétarien strict, mais à la maison ma mère ne cuisinait jamais ni viande, ni poisson, ni volaille. Elle servait des œufs, en revanche, du yaourt, du lait et du fromage, pour varier. On me proposait de la viande et du poisson à l'école ou chez des amis, mais je n'étais pas particulièrement fan de leur goût et de leur texture. Quand j'ai eu 13 ans, j'ai été profondément dérangée par l'idée qu'on abatte des animaux pour en faire une source de nourriture, alors je suis devenue pleinement végétarienne, en toute conscience.

J'imagine que grâce à mon éducation, j'ai toujours su d'instinct comment faire du végétarisme un mode d'alimentation équilibré, et je n'ai jamais souffert de carences, tel que le manque de fer, de B12 ou de calcium, si souvent associés à un régime végétarien. De temps à autre, il m'arrive de jouer avec l'idée de devenir végétalienne, mais j'adore trop le fromage, les yaourts et le beurre.

En ce qui me concerne, me nourrir à base de plantes n'est pas un moyen de restreindre ou de contrôler mon alimentation au nom d'une pureté ou d'une santé optimale. Je prends soin de m'assurer que je satisfais tous mes besoins nutritionnels et, bien que j'évite, naturellement, la viande, le poisson et la volaille, les restrictions s'arrêtent là. Je préfère préparer la plupart de mes repas de A à Z, quand c'est possible, mais si à l'occasion, je dois utiliser une sauce toute faite pour les pâtes ou une pizza achetée en magasin, je le fais. J'agrémenterai peut-être ce plat de quelques légumes et légumineuses pour en améliorer la qualité nutritionnelle. C'est la différence entre quelqu'un qui a une approche saine d'une alimentation à base de plantes et quelqu'un qui utilise des règles portant sur la nourriture comme méthode de contrôle et de restriction.

Carences dans un régime à base de plantes

Il y a quelques nutriments essentiels que les végétariens comme les végétaliens doivent particulièrement prendre garde à trouver. À l'exception du tofu, les protéines issues des plantes ne sont pas « complètes » – autrement dit, elles ne contiennent pas la totalité des huit acides aminés dont le corps a besoin pour se réparer et se régénérer.

Ceci veut dire, en premier lieu, que les adeptes d'alimentations à base de plantes doivent s'assurer qu'ils consomment une diversité de légumes et de légumineuses, en combinaison, pour se procurer tous les acides aminés dont ils ont besoin. Les haricots sur des toasts, du riz avec des lentilles, du quinoa avec des pois chiches, sont tous de bonnes associations.

Les régimes à base de plantes sont par ailleurs pauvres en fer, mais le problème est amplifié par le fait qu'ils sont tous relativement riches en phytates, des composés antioxydants qui bloquent la capacité du corps à absorber le fer. Un moyen d'améliorer l'absorption du fer contenu dans les aliments à disposition, est de les manger avec une source de vitamine C (donc, terminer un repas avec un jus d'oranges fraîchement pressées, par exemple).
Un nutriment qui est totalement absent des régimes végétaliens, est la vitamine B12, qu'on trouve uniquement dans les aliments d'origine animale et sans laquelle toute personne commencera à souffrir de symptômes comme des fourmillements ou certaines formes particulières d'anémie. Les végétariens peuvent obtenir la B12 grâce aux œufs, au lait et au fromage, bien qu'en quantités modestes ; les végétaliens, eux, doivent la prendre en complément.
Enfin, le calcium est difficile à trouver dans une alimentation végétalienne (les végétariens qui consomment des laitages en quantités suffisantes ne devraient pas avoir de souci). Je recommande de prendre un supplément, car même les aliments qui portent l'appellation lait, crème ou yaourt, mais qui sont fabriqués à partir de lait de coco par exemple, ne sont pas de riches sources de calcium, lequel est essentiel à la santé de nos os.

Le glissement dans l'orthorexie

Dans l'esprit orthorexique, ce qui a pu commencer comme une simple volonté de manger sainement dérive de plus en plus vers des règles diététiques contraignantes. Lorsqu'il s'agit des régimes à base de plantes, cette dérive est facile à repérer si vous regardez bien.

- ✓ D'abord, la personne au régime supprime la viande.
- ✓ Ensuite, viennent la volaille et le poisson.
- ✓ Puis les œufs et les laitages disparaissent.
- ✓ Puis les produits d'origine végétale doivent être des « aliments complets », et tout produit cuisiné ou vendu en magasin disparaît.

✓ Pour finir, tout doit être non raffiné et sans sucre libre.

Quand les gens viennent me voir à la clinique et me disent qu'ils sont végétaliens, je leur pose une multitude de questions – quand j'entends que le lait de soja a été remplacé par du lait d'amande (rappel : de l'eau très chère) et que les desserts ne sont pas autorisés à cause du sucre qu'ils contiennent, il est de mon devoir de me demander si je suis en train de parler à quelqu'un de très naïf en matière de nutrition, mais devenu strictement végétalien pour des raisons sérieuses et éthiques ; ou à quelqu'un qui a basculé, dont l'obsession de ce qui entre dans son corps constitue un trouble de l'alimentation.

Le végétalisme, en particulier, est devenu un camouflage pour les troubles de l'alimentation, dont l'orthorexie. Bien sûr, je ne suis absolument pas en train de dire que toute personne végétalienne endure un trouble de l'alimentation ; juste que le végétalisme offre l'excuse parfaite pour suivre des règles alimentaires dont le résultat est de supprimer des familles entières d'aliments. Il y a un faisceau de preuves suggérant que de nombreux individus sujets à un trouble de l'alimentation deviennent végétariens ou végétaliens dans les premières phases de leur descente vers la maladie.

Le cas de Jordan Younger

Un exemple assez médiatisé de la façon dont l'alimentation à base de plantes peut en réalité devenir un danger, est le cas de Jordan Younger. En 2013, Jordan commença le blog *The Vegan Blonde*, partageant ses très saines recettes végétaliennes accompagnées de photos. Le blog devint rapidement très populaire, mais à peine un an après qu'elle eut commencé à l'écrire, elle fit une confession : son régime plein de restrictions s'était avéré nocif pour sa santé, et c'était l'exact opposé de l'image qu'elle avait voulu donner.

Ce qui avait débuté comme un régime à base de plantes avait vite tourné en purges à base de jus, et en la suppression totale de tout aliment transformé ou « raffiné », dont le sucre, les pâtes ou le pain blancs. Elle admit que bien qu'elle eût posté des photos de ses « jus sains et délicieux », la réalité était qu'ils la rendaient malade. Elle vendait un style de vie mais elle-même, en fait, ne « le sentait » pas. Elle confessa être orthorexique. Alors que beaucoup l'applaudirent pour avoir attiré l'attention sur le sujet, elle perdit aussi instantanément 1 000 de ses followers pour avoir trahi son style de vie et ses racines véganes. Elle a écrit au sujet de ses expériences dans son blog et dans son livre, *Breaking Vegan*.

Le régime détox

Enfin, ce chapitre ne serait pas complet si nous ne regardions pas le rôle des régimes détox dans la psyché orthorexique. Les régimes détox ne visent certes pas à supprimer des familles entières d'aliments, mais ils restreignent l'apport global de calories – et ils s'accompagnent d'un ensemble de règles au nom de la pureté du corps (détox = détoxification ; se débarrasser des toxines) qui peut profondément séduire quelqu'un susceptible de troubles de l'alimentation, dont, en particulier et surtout, l'orthorexie.

Un régime détox vise à supprimer les aliments suspectés de « polluer » le corps, comme l'alcool, la caféine, le sucre, et les nourritures transformées ou de type fast-food. Les régimes détox les plus extrêmes tendent à être à base de jus : c'est-à-dire, remplacer chaque repas par un jus de légumes et/ou de fruits pendant plusieurs jours, généralement durant une semaine par mois.

Par ailleurs, un régime détox peut suggérer un grand recours aux jus de fruits et de légumes, complétés avec des repas faits avec du poisson blanc, du poulet, et des légumes. Les laitages, tous les hydrates de carbone à l'exception de ceux contenus dans les fruits et les légumes, les graisses, l'alcool et la caféine sont sur la liste rouge. Cette sorte de régime détox dure généralement plus longtemps, prenant place chaque jour de la semaine sur une durée prolongée et déterminée à l'avance.

Ensuite, il y a des régimes de jeûne – qui sont en fait des régimes détox qu'on appelle autrement. Dans ceux-là, la personne peut manger comme elle le souhaite pendant, disons, cinq jours de la semaine, mais doit restreindre ses calories à seulement 500 (pour les femmes) ou 600 (pour les hommes) pendant deux jours par semaine.

La plupart des régimes détox sont réputés pour faire un « reset » de votre système digestif – peut-être après une période d'excès, ou comme façon de neutraliser sa consommation chaque semaine. L'idée est qu'en donnant à votre corps une chance de se nettoyer des polluants et des impuretés, il pourra travailler plus efficacement et vous gagnerez en vitalité.

Ces régimes promettent d'accroître le niveau d'énergie, de perdre du poids, d'avoir une peau resplendissante, une meilleure vision et, chez les femmes, une réduction de la cellulite.

Vérité ou imposture ?

Nos corps sont naturellement brillants quand il s'agit de se régénérer. Même si la plupart d'entre nous connaissons, inévitablement, des périodes de l'année où nous nous autorisons quelques excès – pendant les fêtes, à Noël, à l'occasion d'un anniversaire –, est-il vraiment nécessaire ensuite de faire un grand ménage digestif, ou est-ce un leurre ?

Eh bien, il n'existe absolument aucune preuve scientifique pouvant suggérer que les régimes détox contribueraient à débarrasser le corps de ses toxines. Le foie et le système digestif sont incroyablement complexes, des fonctions bien conçues dans la machine magique de notre physiologie, et ils sont extrêmement efficaces pour gérer nos excès, sans besoin d'aucune aide extérieure.

Même si notre ceinture paraît nous serrer un peu plus au lendemain de fêtes, après quelques semaines d'une alimentation normale et d'exercice léger à modéré (ou même juste bouger un peu plus : monter les escaliers plutôt que prendre l'ascenseur ; descendre du bus un arrêt plus tôt et finir le reste du chemin à pied), la plupart des gens se débarrasseront vite de toute prise de poids mineure.

Perdre du poids est l'une des véritables motivations derrière un régime détox. Toutefois, et c'est intéressant, même si les mesures semblent objectivement montrer que vous avez perdu du poids, en réalité, tout ce que vous avez perdu, ce sont des fluides et vos réserves de glycogène. Souvenez-vous que lorsque nous supprimons les hydrates de carbone de notre alimentation, notre corps utilise le glycogène comme sa source d'énergie, en puisant dans les réserves. Le glycogène perdu peut ainsi contribuer à une apparente perte de poids d'environ 2 kg en l'espace de quelques jours. La vraie perte de poids, en revanche, est quand le corps perd sa graisse, et pas son glycogène. Une fois que vous aurez recommencé à manger normalement, les réserves de glycogène se rechargeront, et la supposée perte de poids se transformera en ce qui aura toutes les apparences d'une prise de poids.

Les programmes détox sévèrement restrictifs sont un summum en matière de fausses promesses. Pour qu'une perte de poids soit durable, il faut que votre corps travaille en accord avec vos objectifs, pas contre eux. Quand vous connaissez un bref épisode d'excès, votre corps élève naturellement son métabolisme pour gérer ces calories en excès. Ainsi, même si vous pouvez vous sentir plus gros au début, plus lourd, plus ramolli, votre corps s'en sort à merveille tout seul pour, au final, restaurer l'équilibre. Si, en revanche, après une période d'excès, vous fermez brutalement et drastiquement le robinet des calories, votre corps se met en état de choc. Il croit qu'il y a famine, et au lieu d'élever votre métabolisme afin de brûler plus de calories même au repos, il fait l'inverse – le ralentissant, afin d'économiser quelque réserve d'énergie que vous auriez, y compris en retenant la graisse du corps.

La vérité, c'est que réduire notre apport général en caféine, alcool et nourriture industrielle ne fait pas de mal : nous devrions tous en prendre note et chercher à les réduire. Néanmoins, souvenons-nous que l'orthorexie est une pathologie psychologique, obsessive. Ce qui commence comme un grand nettoyage de printemps, en réduisant les substances dans notre nourriture et nos boissons qui pourraient ne pas être excellentes pour notre santé, devient de plus en plus limitant : d'abord les aliments industriels, puis les hydrates de carbone, puis les graisses, etc. La liste des « pas de ceci » devient chaque fois plus longue, transformant le nettoyage de printemps en phobie qui accapare votre esprit.

Fondamentalement, les régimes détox ne sont pas bons pour la santé. De nombreuses détox basées sur les jus sont très faibles en énergie globalement, et bien que l'intention puisse être de ne les suivre que pendant quelques jours, ils imposent au corps une quantité énorme de stress. Le stress en lui-même génère de la toxicité dans le corps (des taux de cortisones s'élevant sur une durée prolongée perturbent tous les systèmes du corps, y compris son aptitude à évacuer les toxines environnementales) – si bien que l'effet au final pourra s'avérer être l'exact opposé de l'effet qui était voulu. Il y a des conséquences physiques. On recherchait la perte de poids, un regain d'énergie et une peau radieuse, mais la réalité peut être :

✓ manque d'énergie ;
✓ vertiges ;

- ✓ nausée due à des taux de sucre sanguin trop faibles ;
- ✓ douleurs à l'estomac résultant de fringales ;
- ✓ envies irrépressibles, notamment de sucre et d'hydrates de carbone, dues à la nature restrictive du régime ;
- ✓ carences, surtout si vous suivez ce régime sur une longue période.

Trop loin, c'est quand ?

Pour beaucoup de monde, un régime détox risque d'être le point de départ d'une attitude et d'un rapport à la nourriture très malsain. La notion que la détox soit un « processus de nettoyage » semble légitimer l'idée que nous devrions punir tout excès par une purge. Cette mentalité particulière peut séduire les personnes ayant un potentiel pour l'orthorexie ou qui en souffrent déjà. L'obsession prend tellement de place, qu'à partir d'un moment, ce n'est plus un excès réel qui devient le prétexte à une détox, mais n'importe quelle perception de petit écart sur le plan nutritionnel. Qu'ils enfreignent juste une seule, toute petite règle concernant l'alimentation, et ils suivront un régime détox pour se racheter.

Vous pouvez voir comme un cycle de privation et de punition peut vite s'établir, même si ce n'est pas la nourriture qui cause le sentiment d'impureté, mais une psychologie sur laquelle il est bien moins aisé d'intervenir.

Pour résumer

Il me serait impossible de couvrir tous les régimes de la planète, leurs effets et leurs règles et comment ils peuvent être perçus par quelqu'un qui vit avec l'orthorexie – et même, le ferais-je, à l'heure où sortirait ce livre en librairie, toute une jungle de nouveaux conseils pseudo-diététiques et d'engouements alimentaires trouverait sur Internet ses adeptes. Toutefois, j'espère qu'en ayant couvert les régimes que je vois le plus fréquemment causer des problèmes chez ceux qui viennent me voir à ma clinique, j'aurai montré que leurs promesses ne sont pas tout ce qu'elles semblent être – qu'on trouve beaucoup d'impostures dans le monde de la nutrition, et que les caractéristiques de ces impostures sont partagées par toutes les modes alimentaires pouvant exister aujourd'hui ou dans le futur.

Le manque d'expertise réelle en matière de nutrition chez tant de personnes qui font la promotion, sur des blogs, des sites web, dans des articles ou des livres, d'un régime particulier au nom de la santé et du bien-être, perpétue la maladie, en réalité. Lorsqu'une certaine approche de l'alimentation semble avoir des effets positifs sur telle personne à tel moment précis de sa vie, nous n'avons pas là une étude scientifique – ce n'est pas une preuve ; c'est juste l'heureuse issue concernant un individu en particulier. Et je défends ça : chacun devrait trouver ce qui fonctionne pour lui. En revanche, une histoire à la fin heureuse n'est pas nécessairement applicable à tout le monde. Si vous-même êtes quelqu'un qui s'est enlisé, ou si vous connaissez quelqu'un dont la quête de l'alimentation idéale semble avoir viré à l'obsession, ou si vous connaissez quelqu'un qui se débat avec son approche de la nutrition, continuez à lire. Car dans le chapitre qui vient, nous allons examiner quelques stratégies pratiques permettant de se libérer des « règles alimentaires. »

3

Se libérer de l'orthorexie

Au chapitre précédent, nous avons exploré de quelle façon nos compréhensions de ce que signifie manger sainement et du rôle des nutriments dans notre alimentation sont devenues confuses, biaisées et même extrêmes. Le niveau de confusion généralisé concernant ce que veut dire adopter des principes d'alimentation sains semble directement relié à l'augmentation de l'accessibilité du savoir nutritionnel. Comme tant d'autres sujets qui étaient jadis cantonnés aux livres faisant autorité ou aux conversations avec de véritables experts, la nutrition est devenue un sujet pour tous – avec de nombreuses informations (et désinformations) accessibles sur Internet jour et nuit, sept jours par semaine.

Au cours des dernières décennies, il y a eu une envolée astronomique du niveau d'intérêt pour la nutrition et les principes nutritionnels. De plus en plus, nous avons réalisé que ce que nous mangeons possède un réel impact significatif sur notre santé. Cela veut également dire que nous avons tous une opinion – formée à partir des bribes que nous engrangeons ici et là – sur ce qui est bon pour nous et sur ce qui ne l'est pas. J'approuve vraiment ce débat : la nutrition est mon métier, et j'adore le fait que nous ayons tant progressé dans la conscience de ce que nous mangeons, collectivement, par rapport à, disons, la génération de nos parents ; et que nous nous en préoccupions au point de nous forger des opinions et de désirer le meilleur pour notre nutrition (et celle de notre famille). En revanche, je ne défends pas celles et ceux qui présentent leurs opinions comme des faits (sur la nutrition, sur la charpenterie, sur l'impact de l'énergie nucléaire sur l'environnement). Quel que soit le sujet, lorsque le conseil ou l'information se fonde sur les opinions personnelles de quelqu'un, sur sa propre expérience ou son point de vue, nous devons en être informés afin de pouvoir gérer cette information légèrement, dans l'esprit qu'il conviendrait d'avoir.

Pour être juste, je crois que de nombreuses personnes qui partagent leurs histoires de réussite alimentaire sur Internet n'ont pas d'autre intention – seulement partager une histoire personnelle dans l'espoir que cela puisse inspirer leurs lecteurs. Je ne pense pas qu'il y ait fatalement une intention de manipuler – plutôt, c'est une réaction enthousiaste au fait de se sentir bien, guéri, ou simplement dans la joie de vivre. Mais je pense que des histoires de réussite personnelles qui parfois ne sont ni régulées, ni corroborées, ni argumentées, sont dangereuses quand elles sont si aisément accessibles pour des internautes impressionnables qui sont en recherche de réponses.

Il est très probable que si quelqu'un devient plus attentif à ce qu'il mange, choisissant moins d'aliments industriels et préférant cuisiner à partir de produits frais plutôt que réchauffer des choses sorties d'un paquet, il en résultera un sentiment de plus grand bien-être. Je crois que dans la plupart des cas, ce n'est pas d'avoir supprimé un nutriment particulier ou une famille d'aliments qui a causé le changement, mais les autres changements diététiques que le fait de supprimer ce type de nourriture a entraînés. Pour une personne aux prises avec l'orthorexie, cette logique n'offre aucun attrait : dans la quête d'une santé pure, un orthorexique ôtera toute nourriture suspectée d'être mauvaise pour la santé – même quand il n'existe aucune preuve scientifique que les aliments bannis soient nocifs pour le corps. Le vrai souci que cela pose est que, souvent, supprimer quelque chose peut créer plus de problèmes que cela n'en résout, sur le plan mental comme sur le plan physique – après tout, ce n'est pas ainsi que le corps a été conçu pour survivre.

L'expertise compte

Une femme dans sa vingtaine à qui l'on avait récemment diagnostiqué une maladie de Crohn (un type de maladie inflammatoire des intestins) était venue me voir. Elle était soignée avec des stéroïdes, mais ses symptômes étaient encore graves. Les symptômes persistants et les effets secondaires du traitement entamèrent sa confiance. Cherchant désespérément quelque chose (n'importe quoi) qui pourrait l'aider, plusieurs semaines avant de me contacter, elle était allée consulter un « coach nutritionnel » qu'elle avait trouvé en ligne.

Le coach effectua quelques tests d'allergies, conclut que ses symptômes n'étaient pas reliés à la maladie de Crohn mais qu'en fait, elle était allergique au blé, au gluten, aux laitages et au sucre. Sur les conseils de ce coach, la jeune femme modifia son alimentation pour accommoder les allergies que le coach avait apparemment identifiées chez elle. Quatre semaines plus tard, au lieu d'une amélioration de ses symptômes, son état empira. Quand elle vint me voir, elle était épuisée et irritable.

Le traitement clinique standard pour la maladie de Crohn active passe par un recours aux stéroïdes puis quelque chose appelé « Few Foods Diet[1] ». On donne à ces patients souffrant de la maladie les principes d'un régime prescrit par un diététicien clinique reconnu, qui suit et guide

1. NdT : « Diète Peu d'Aliments ».

étroitement leurs progrès. Avec la diète Few Foods, le malade supprime les groupes d'aliments que le système gastro-intestinal peut trouver difficile à décomposer et à absorber, particulièrement quand il est enflammé. Il ou elle doit suivre le régime seulement sur une courte durée, puis réintroduit chaque aliment, l'un après l'autre, à un rythme d'un toutes les 24 heures. Si le patient constate une réaction négative, cet aliment particulier est de nouveau supprimé. À l'échelle de quelques semaines, il ou elle sera finalement capable de construire un régime relativement normal contenant les aliments qui ne causent aucune réaction. Avec mon aide, après trois mois suivant la Diète Peu d'Aliments, ma cliente fut capable de réintroduire les laitages, le gluten, le blé et le sucre, et elle se sent désormais mieux qu'elle ne s'était sentie depuis longtemps.

La morale de cette histoire est qu'Internet, si merveilleux soit-il, ne régule pas qui y poste quoi, ni qui prétend être un expert de tel ou tel domaine. Cela veut dire que toute personne recherchant désespérément une réponse à un problème particulier est susceptible d'être désinformée, voire, quand nous parlons santé et bien-être, mal diagnostiquée. Alors que nous fouillons en ligne pour dénicher de l'information, il devient de plus en plus difficile d'évaluer quand nous avons affaire à un véritable « expert » ou à un simple conteur d'histoires sans intention malveillante – et une fois que vous commencez à promouvoir ce qu'une personne peut-être non qualifiée vous dit (malgré ce que votre corps ressent), alors vous entrez dans la zone de danger.

Les autres coupables

Bien sûr, il ne suffit pas de blâmer Internet et l'accessibilité de la désinformation pour expliquer pourquoi nous en sommes là en matière d'attitudes envers la nutrition. Je pense qu'il y a d'autres raisons pour lesquelles l'approche que nous avons de l'alimentation est devenue faussée :

✓ La nourriture est plus facilement accessible : la plupart d'entre nous vivent dans des endroits où nous pouvons faire des courses ou commander des plats à emporter jusque tard dans la nuit, si ce n'est toute la nuit, chaque jour de la semaine.
✓ Nous exigeons que les choses soient pratiques : à mesure que nos emplois du temps se sont alourdis, nous avons fini par utiliser des plats cuisinés plutôt que de cuisiner nous-mêmes.
✓ Nous avons bien plus d'accès à de l'information de qualité et nous entendons parler de chaque nouvelle découverte quasiment en temps réel. Le résultat est que nous ne savons plus ce qu'il faut croire et ce qu'il ne faut pas croire.
✓ Nous subissons une pression bien plus grande pour connaître le succès et être parfait de toutes les manières imaginables – et nous autorisons cette recherche de la perfection à envahir tous les aspects de nos vies.

Mais retourner à un état d'alimentation paléolithique n'est pas non plus la solution – après tout, sur des milliers d'années d'évolution, l'humanité s'est adaptée pour devenir immensément plus habile et intelligente qu'elle ne l'était à l'aube de l'existence humaine. Si nos ancêtres préhistoriques avaient été parfaits, l'évolution n'aurait pas été ce que nous constatons aujourd'hui.

Peut-être alors, y a-t-il un juste milieu. Quand vous parlez aux personnes des générations précédentes, elles racontent souvent combien la vie était « plus simple » du temps où elles étaient jeunes. De fait, régulièrement, diverses études et statistiques montrent que nous étions en meilleure santé durant les deux guerres mondiales. La principale raison à cela est le rationnement, ou, pour employer un terme moins alarmant, la modération. Durant les guerres, par nécessité, nous étions obligés de manger des portions de taille raisonnable d'aliments riches en nutriments et préparés à la maison. Est-ce la réponse au problème de l'orthorexie : tenter de rééduquer une génération très exigeante et autocritique, au fait que la perfection réside dans une chose aussi ennuyeuse et peu inspirante que la modération ?

Qu'est-ce que la modération ?

Je rechigne souvent à détailler ce qu'il faut entendre par des termes comme faible, modéré, ou élevé, essentiellement parce que la composition de nos corps et la quantité d'exercice physique que nous faisons, changent ce que ces mots veulent dire d'un individu à un autre. Néanmoins, comme point de départ, il peut être utile de savoir ce que « modéré » signifierait dans le contexte des principales catégories de santé ou de style de vie. La chose la plus importante à retenir, dans ces exemples basiques, c'est que quel que soit votre patrimoine génétique ou votre style de vie, aucune nourriture n'est diabolisée et vous mangez de tous les types d'aliments. Fondamentalement, il s'agit d'un équilibre. Modéré sgnifie :

- ✓ Pour les personnes pratiquant une activité modérée qui voudraient maintenir leur poids, s'en tenir à trois repas, contenant chacun une proportion quotidienne équilibrée d'hydrates de carbone, de protéines, de légumes ou de salade, plus quelques graisses essentielles ; avec un ou deux snacks composés surtout de fruits ou de produits laitiers allégés, et en limitant à une ou deux fois par semaine les nourritures riches en matières grasses et en sucre, et les repas pris à l'extérieur.
- ✓ Pour les personnes à tendance sédentaire qui voudraient perdre ou maintenir leur poids, s'en tenir à trois repas par jour, contenant chacun une proportion quotidienne équilibrée d'hydrates de carbone, de protéines, de légumes ou de salade, plus quelques graisses essentielles ; avec deux ou trois snacks de petites portions de noix, de fruits et laitages, ou de petites portions d'hydrates de carbone tels que des

gâteaux d'avoine avec du fromage, et en limitant à deux ou trois fois par semaine les nourritures riches en matières grasses et en sucre, et les repas pris à l'extérieur.

- ✓ Pour les personnes très actives ou qui ne prennent pas facilement des kilos, voire qui gagneraient à en prendre, s'en tenir à trois repas, contenant chacun une proportion quotidienne équilibrée d'hydrates de carbone, de protéines, de légumes ou de salade, plus quelques graisses essentielles ; avec deux ou trois snacks combinant deux ou trois groupes d'aliments, comme un toast avec de la purée d'avocats ou un bol de céréales ou de fruits, un yaourt et des graines toastées ; manger dehors occasionnellement ; et ne manger qu'en faible quantité les aliments riches en graisses et en sucre – par exemple, une fois par jour, quelques carrés de chocolat ou un morceau de gâteau ou un ou deux biscuits.

Le problème, c'est que nous n'aimons pas le mot « modéré », ni aucun de ses dérivatifs. Il n'a pas les connotations positive, sexy et d'excellence qui incarnent le succès aux yeux d'une génération qui met la barre très haut. Dès que j'utilise le terme « modération » à la clinique, dans des ateliers ou lors de conférences, je peux voir les gens faire la grimace.

La modération, c'est difficile : c'est une histoire d'équilibre. Le fait de rationner (hélas, en d'horribles circonstances) a obligé à contrôler les portions. Il n'y eut aucune décision à prendre pour décréter quand assez était assez : ce fut, simplement. Par ailleurs, repas et snacks devaient être cuisinés à partir de zéro frais puisqu'il n'existait pas de nourriture industrielle.

Mais modération signifie aussi être modéré dans nos attitudes. Bien que je sois en faveur du fait-maison, je ne m'auto-flagelle pas s'il me faut utiliser de temps à autre un bocal de sauce pour les pâtes ; mais je ne serais pas heureuse de devoir consommer majoritairement et tout le temps des nourritures industrielles. Une certitude, c'est que si votre alimentation se compose principalement d'options pauvres en nutriments comme les sodas, le pain blanc ou la viande transformée, vous aurez plus de risques à terme d'être en surpoids, et de pâtir d'une santé médiocre associée au fait d'être ainsi.

Des assiettes saines : la vision du diététicien

Alors, comment trouver le bon équilibre ? Comment sortir de la croyance que les réponses se trouvent dans les extrêmes, parvenir à la modération et ressentir que c'est une chose positive ? Comment pouvons-nous faire de la modération une manière attrayante de considérer la nutrition au point que cela devienne plus attirant que d'être verrouillé dans l'emprise d'un trouble alimentaire ?

Prenez du recul

Premièrement, pensez à la liberté et au sentiment de soulagement qui accompagnent le fait d'abandonner un sentiment de panique parce que chaque jour devrait être parfait. À la place, considérez une stratégie à plus long terme. Relâcher la pression et l'urgence est une manière de se sentir aussitôt mieux à propos de vous-même et de la vie.

Un régime sain est en réalité une affaire d'équilibre nutritionnel que nous atteignons sur une certaine durée ; ce n'est pas spécifique à une journée. Même si vous avez visé l'objectif de manger cinq à huit fruits et légumes par jour, certains jours vous pourrez n'arriver à en manger qu'un ou deux, tandis que d'autres jours vous en mangerez peut-être neuf ou dix. Sur le cours d'un mois ou même d'une année, en général vos choix nutritionnels – tant qu'il s'agit de choix sains et faits consciemment – s'équilibreront.

De la même manière, certains jours le travail, les études ou la vie de famille peuvent faire dérailler vos meilleures intentions et ce qui, le matin dans vos pensées, était un souper fait maison, cuisiné, à 18 heures est devenu une pizza surgelée jetée dans le four. Ce n'est pas idéal, mais si cela se produit seulement de temps à autre, ce n'est pas tourner le dos au « sain », c'est être humain. L'important est la démarche globale.

Essayez de voir l'équilibre auquel vous arrivez sur une période de sept à dix jours d'une semaine ordinaire (ou sur un mois si vous avez des vacances où vous faites des excès), car cela vous donnera une vision bien plus réaliste de votre apport nutritionnel. Si sur une période de dix jours il vous semble que votre apport de sucre ou de graisses saturées a été excessif, soyez juste un peu plus attentif lors des dix jours qui suivront. Permettez à la modération de vous libérer.

Personnalisez vos repas

Deuxièmement, pensez à vous. Oui, vous – votre propre personne, unique, lumineuse. Pour certains, un solide bol de porridge avec des graines toastées sera le parfait départ pour la journée, qui maintiendra les niveaux d'énergie et vous laissera rassasié jusqu'au déjeuner. Toutefois, pour d'autres, quelques heures après un bol de porridge, c'est la fringale qui commence. À la place, seul un toast au blé complet avec du beurre de cacahuète pourra vous apaiser. Les options sont bonnes : chacune apporte un mélange sain d'hydrates de carbone à base de céréales complètes, de graisses essentielles et de protéines – la différence viendra d'un choix personnel. De la même façon, certains jours aucune de ces options ne vous tentera et seule une tartine de confiture ou un café et un croissant feront l'affaire. D'accord, ce ne sera peut-être pas le jour le plus sain de votre vie – mais est-ce si grave, une fois de temps en temps ? Non, bien sûr. Laissez vos choix refléter ce que vous dit votre corps, qui est unique.

Pensez à la nourriture comme à un ami

La nourriture n'est pas seulement de l'énergie ; la nourriture a un rôle important à jouer dans nos vies : elle développe la sociabilité, elle nous rassure et nous soutient, et elle peut influencer notre humeur de façon significative – exactement comme un bon ami. Les études scientifiques montrent que lorsque la nourriture devient un problème ou génère de l'anxiété, le résultat est une humeur maussade et, dans les cas extrêmes, la dépression.

Établir des catégories de « bonne » ou « mauvaise » nourriture influence la manière dont nous y répondons, avant même qu'elles touchent nos lèvres. Ainsi, par exemple, si j'avais la croyance que les croissants sont « mauvais » pour moi mais que j'en aie mangé un malgré tout, ma réponse serait la culpabilité, l'anxiété et l'autodépréciation. Si la nourriture est mauvaise, alors je suis mauvaise du fait de l'avoir mangée.

De plus, si nous étiquetons une nourriture comme mauvaise, il est probable que nous nous en privions. Alors que se passe-t-il ? Pour la plupart des gens, cette privation conduit à une préoccupation totale : je ne peux pas l'avoir, alors je la veux, mais il ne faut pas que je l'aie, que se passera-t-il si je l'ai quand même, je n'en serai pas fière, alors il ne faut pas... Et ainsi continue le soliloque. De cette manière la privation conduit à un comportement obsessionnel – caractéristique de l'orthorexie.

Dans mon esprit tous les aliments sont nos amis – mais comme les amis, il y en a avec qui vous voulez passer plus de temps que les autres.

Les limites d'un meilleur ami

J'ai utilisé l'analogie que nous devrions traiter la nourriture comme un ami, mais que se passe-t-il quand nous nous concentrons sur un ami et croyons que cet ami est la réponse à tous nos problèmes ? Il est fort probable que cette amitié vous pèse : vous pourriez vous taper sur les nerfs, ou même en venir au point où vous ne pourriez plus supporter la compagnie de l'autre. Nous voici revenus à cette fameuse modération. Tandis que l'orthorexie conduit à des règles alimentaires dont la conséquence est la privation, il existe aussi des situations où ces règles dotent de pouvoirs magiques tel ou tel nutriment ou chose associée à la nourriture. Parmi les superaliments, c'est-à-dire ces aliments aux pouvoirs nutritionnels particulièrement spéciaux, les plus souvent cités sont l'huile de coco, les baies de goji, le chou ou les jus verts.

Mais de même qu'aucune nourriture seule n'est la cause d'une mauvaise santé, aucune nourriture seule n'a de superpouvoirs. Je pense qu'il existe des ingrédients clés qu'il est bon d'employer car ils contiennent des nutriments bénéfiques. La vérité, en revanche, c'est qu'avec un régime équilibré et modéré, vous devriez trouver tous les nutriments essentiels dont vous avez besoin pour être en bonne santé. Dépendre d'un seul super-ami est tout autant un leurre que d'exclure un ami parce que vous pensez qu'il vous fait du mal.

Composez une assiette saine

Comprendre ce qui compose une assiette de nourriture véritablement saine peut aider ceux qui se guérissent de troubles de l'alimentation, dont l'orthorexie. Les suggestions qui suivent ne sont là que pour donner une idée de ce à quoi ressemble un repas ou un encas sain et équilibré ; elles ne sont en aucun cas des règles ! Elles sont un guide pour vous aider à produire des repas ou des encas équilibrés.

Toutefois, n'en demandez pas trop tout de suite : souvenez-vous qu'avec l'orthorexie les règles établies sont profondément enfouies avec tant de choses qui en dépendent en termes d'estime de soi et souvent, de façon récurrente, d'image du corps. Procédez à de petits changements ayant pour objectif à terme une assiette de nourriture vraiment saine. Un régime sain est la destination vers laquelle vous vous dirigez, mais la route pour y parvenir peut s'avérer longue. Dans nombre de situations, aussi bien que changer d'habitudes alimentaires, il faudra un soutien psychologique significatif et continu pour gérer les problèmes sous-jacents qui déclenchent l'orthorexie et qui sont souvent sans aucun lien avec la nourriture.

Je suis une grande adepte de séparer les assiettes en trois parties, ce qui offre une ligne directrice pour la façon d'équilibrer un repas. Visez de faire un tiers de la nourriture dans votre assiette des hydrates de carbone denses en nutriments (par exemple, de l'avoine, des pommes de terre ou des patates douces), du pain (idéalement complet, mais pas nécessairement – optez pour une miche que vous trancherez vous-même, plutôt que du pain industriel prétranché), ou du riz ou des pâtes (là encore, idéalement issus de grain complet pour ses fibres, mais ce n'est pas essentiel).

Un autre tiers de la portion sera les protéines sous la forme de poisson, de viande, de volaille, de haricots ou de légumineuses, de tofu ou d'œufs. Pour le dernier tiers, ayez des légumes ou des crudités (figure 3.1).

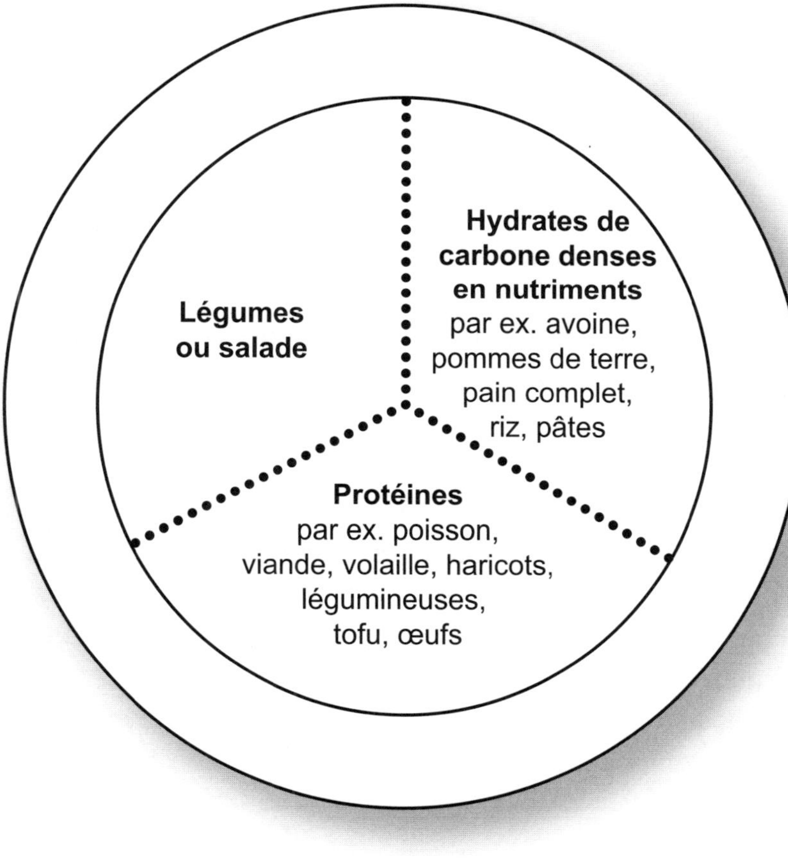
Légumes ou salade
Hydrates de carbone denses en nutriments
par ex. avoine, pommes de terre, pain complet, riz, pâtes
Protéines
par ex. poisson, viande, volaille, haricots, légumineuses, tofu, œufs

Figure 3.1.

Essayez d'inclure des aliments qui vous apporteront les matières grasses essentielles (noix, graines et avocats, par exemple) et essayez d'inclure des laitages – trois portions par jour vous apporteront vos besoins en calcium quotidiens. Une portion représente par exemple deux verres de lait entier, ou un morceau de fromage de la taille d'une boîte d'allumettes, ou encore 150 g de yaourt.

Et n'oubliez pas que ce ne sont que des lignes directrices, pas des règles : si vous faites de l'exercice trois à quatre fois par semaine, il se peut que vous ayez besoin de plus d'un nutriment en particulier ; si vous faites de l'exercice cinq à six fois, encore plus. Une part du chemin vers la guérison est d'apprendre à écouter et à faire confiance à votre corps, et à répondre en fonction.

Enfin, n'oubliez pas la théorie de l'alimentation sans contrainte : rien n'est hors limites dans la modération. Alors, oui, je viens juste de décrire une façon saine et modérée de remplir votre assiette, mais ceci ne veut pas dire que vous n'avez pas droit à une barre de chocolat de temps à autre (n'en prenez pas deux à trois par jour). Et essayez de ne pas voir ces aliments-là comme des récompenses – voyez-les juste comme une composante mineure d'une alimentation saine et équilibrée.

Écoutez votre corps

Un des plus grands obstacles à franchir pour ceux qui se guérissent de l'orthorexie est d'avoir confiance dans le fait qu'en relâchant un peu les règles, ils sauront où s'arrêter. En d'autres termes, si les chips sont sur la liste rouge, ils redoutent qu'en prendre une les conduise à en prendre une pleine portion, qui deviendra une portion par semaine, puis chaque jour, et ainsi de suite.

Le corps est une machine étonnante – la plus intriquée et finement réglée que vous puissiez jamais découvrir. Typiquement, quand il a été privé de quelque chose – surtout si ce quelque chose l'a privé d'énergie – il en mourra d'envie, il en fera des excès et l'utilisera pour recharger ses réserves en cette chose, juste pour l'éventualité où de nouveau on le priverait d'énergie. Cependant, une fois qu'il réalise qu'il y a un équilibre – qu'il mange de façon régulière et que la valeur nutritionnelle de chaque repas est suffisante pour une bonne santé –, son système d'alerte rétrograde du rouge à l'orange puis finalement au vert : la menace est passée, le métabolisme de base et l'appétit normal sont restaurés. Votre corps apprend à re-réguler.

Souvenez-vous que le moteur sous-jacent à l'orthorexie n'est généralement pas de perdre des kilos, c'est la pureté. Quoi qu'il en soit, il en résulte une privation. Il se peut que la privation porte sur autre chose que l'énergie ; il peut s'agir d'un nutriment ou d'une classe particulière de nutriments dont votre corps a cruellement besoin. Une fois que les réserves seront rechargées, et que votre corps aura appris à se détendre à nouveau, les envies se dissiperont.

Nous sommes tous nés avec cette capacité innée – si vous avez déjà passé du temps avec de petits enfants, vous saurez qu'ils sont brillants à réclamer des nourritures très spécifiques quand quelque chose leur fait défaut. Ils savent d'instinct ce qu'ils veulent manger et quand. Je sais que lorsqu'elles étaient petites, mes propres filles traversaient des phases où elles ne mangeaient que l'élément hydrate de carbone de leurs repas ; puis d'autres semaines elles semblaient ne vouloir manger que les produits laitiers ou les protéines. Même si c'était frustrant, je n'ai jamais tellement stressé à ce propos, car je savais qu'elles s'accordaient avec ce que leurs corps voulaient et en fait, quand je regarde avec du recul, elles avaient une alimentation équilibrée.

Idées de repas

Comme j'ai dit, ce livre n'est pas un manuel de nutrition destiné à fournir une énième collection de prescriptions qu'il faudrait suivre. Néanmoins, j'ai conscience que cela peut aider de voir comment la théorie est mise en pratique. Voici donc comme suggestions des idées d'aliments pour vous mettre en route sur le chemin du bien-être.

Petit-déjeuner

- ✓ Toast de céréales complètes ou de pain au levain avec du beurre de noix et un morceau de fruit.
- ✓ Porridge fait avec du lait et saupoudré de graines toastées et de compote de fruit maison.
- ✓ Bol de muesli, couvert de yaourt grec et de fruits frais.
- ✓ Toast de céréales complètes ou de pain au levain avec des œufs brouillés ou pochés, servi avec un demi-avocat.
- ✓ Pancakes faits maison avec des baies surgelées, du miel et du yaourt grec.
- ✓ Bol de yaourt grec avec fruit et miel, suivi d'un croissant.

Déjeuner et dîner

- ✓ Poulet ou tofu sauté avec du riz.
- ✓ Pois chiches et curry de légumes avec pain pita.
- ✓ Soupe de noix de coco et lentilles avec des morceaux de patate douce.
- ✓ Pomme de terre en robe des champs avec houmous et salade d'avocat.
- ✓ Légumes rôtis avec bruschetta de feta.
- ✓ Frittata de légumes et fromage avec pain pita et salade.
- ✓ Casserole de saucisse avec du pain frais.
- ✓ Pâtes avec une sauce tomate, olives et haricots cannellini.
- ✓ Tourte au poisson avec un assortiment de légumes à la vapeur.
- ✓ Saumon cuit au four avec pomme de terre en robe des champs, petits pois et un zeste de citron.

Encas

- ✓ Gâteaux d'avoine avec graines, avec houmous ou beurre de noix.
- ✓ Yaourt grec, fruit et miel.
- ✓ Petite brioche toastée ou scone aux fruits avec du beurre.
- ✓ Tranche de gâteau à la banane fait maison.
- ✓ Bol de céréales avec du lait.
- ✓ Fruit et smoothie au yaourt.
- ✓ Verre de lait et quelques grands carrés de chocolat.
- ✓ Fruits secs et noix.
- ✓ Toast.

Prendre soin de votre esprit

Alors que comprendre ce que nous mangeons est un aspect de la guérison de l'orthorexie, le plus grand défi est de vous libérer des anxiétés que vous avez développées en rapport avec la nourriture et ses aptitudes apparentes à rendre votre corps pur ou impur, le cas échéant.

Se sentir plus mal pour aller mieux

Quand vous vous lancerez sur le chemin de la guérison, prenant peut-être une aide supplémentaire sous la forme d'un conseiller ou d'un psychologue qui peut vous aider avec les aspects émotionnels sous-jacents, et vous aider à construire votre résilience émotionnelle, vous pourrez vous sentir plus mal au début (c'est-à-dire, plus instable émotionnellement, ou plus angoissé) – c'est tout à fait normal.

Il est important que vous compreniez le processus et demandiez de l'aide pour traverser cette étape – et que vous ne laissiez pas tomber. C'est le premier pas le plus difficile : essayez d'avancer, en vous appuyant sur ceux que vous aimez et en qui vous avez confiance pour qu'ils vous aident et vous soutiennent.

Le moteur invisible de l'orthorexie est d'essayer d'établir la pureté. Mais qu'est-ce qui fait qu'une personne se sent impure en premier lieu ? Dans la plupart des cas que j'ai vus, les malades ne se sentent pas assez bien dans leur peau. Ce sentiment d'inadéquation vient rarement de l'image du corps, mais est une pensée ou une croyance irrationnelle qui découle de l'expérience de la vie – parfois une expérience particulière, et parfois juste une négativité incessante.

Au chapitre 1, j'ai fourni une étude de cas à propos d'une adolescente qui essayait de contrôler son alimentation comme un moyen de gérer son acné et en faisant cela, avait développé l'orthorexie. La plupart des adolescents sont complexés – ça fait partie du processus –, mais qu'est-ce qui fait qu'un ado haussera les épaules face à ses boutons, se disant qu'ils passeront et poursuivant ainsi sa vie, tandis qu'un autre se sentira à chaque fois si vulnérable qu'il cherchera à agir dessus à travers des méthodes extrêmes qui évolueront en un trouble alimentaire notable ? Je ne suis pas une psychologue, mais je sais que dans ce cas, l'adolescente avait une vie privée drôlement compliquée. Son frère était handicapé et sa mère n'allait pas bien. Bien que son père ait fait au mieux pour tous, ma cliente se sentait toujours comme la dernière roue du carrosse – inévitablement, l'attention de son père devait se porter sur son frère et sur sa mère. Elle avait l'impression de n'être jamais assez bien pour mériter la pleine attention de son père.

En fait, la situation en soi n'était que sa propre interprétation de la réalité des événements autour d'elle. Néanmoins, c'est ainsi qu'elle le percevait et sa maladie n'était pas vraiment la conséquence du fait qu'elle put ou non se débarrasser de son acné, mais plutôt un moyen par lequel elle se punissait elle-même de n'être pas assez bien. Son acné n'était pas si terrible que cela, mais devint une représentation physique de son malheur ; et l'orthorexie lui procura un exutoire physique, une punition pour ses inadéquations. Son acné fut le déclencheur physique d'une relation malsaine avec la nourriture – mais ni l'acné ni le trouble alimentaire ne furent réellement la racine du problème. De manière intéressante, lorsqu'elle rencontra quelqu'un qui la fit se sentir acceptée et qui lui apporta le réconfort et l'attention dont elle était en telle demande, elle vit sa vie sous un jour beaucoup plus rationnel. Sa relation lui permit de prendre un peu de recul, d'évaluer ce qui se passait, et de prendre des décisions positives pour aller mieux.

Cet exemple démontre combien l'orthorexie n'est qu'un exutoire. Elle peut s'installer, mais elle n'est pas le cœur du problème ; contrôler la nourriture valide l'existence : « Pendant que je peux suivre les règles, je vaux quelque chose. » Voilà pourquoi elle est si difficile à vaincre.

Une des choses que je dis à tous mes clients est qu'afin d'aller mieux, ils doivent se sentir à l'aise avec le malaise. Prendre à bras-le-corps les troubles de l'alimentation afin d'inclure certains des « aliments interdits » est terriblement angoissant pour quelqu'un avec un trouble alimentaire.

L'anxiété est complètement normale ; la clé est que le ou la malade s'autorise à éprouver ses sentiments, et continue juste à se rassurer que rien d'horrible ne va arriver quand une règle est brisée. Au début, manger des nourritures « impures » a besoin de devenir une règle en soi, quelque chose qui est une pratique délibérée. Quand un ou une malade commence à voir que manger un aliment interdit n'a pas de conséquences catastrophiques, lentement mais sûrement, il ou elle peut regagner confiance pour réétablir des habitudes alimentaires normales.

Ceci prend du temps, donc généralement je fixe des objectifs. Par exemple, pour quelqu'un qui a ôté le gluten sans raison médicale, je suggère d'habitude d'échanger un choix sans gluten avec une option standard. Ainsi, la personne peut avoir un toast normal au petit-déjeuner, plutôt qu'un toast fait avec un pain sans gluten. Une fois qu'il ou elle est capable de faire cela sans un sentiment de profonde anxiété et peut reconnaître que cela n'a eu aucune conséquence épouvantable, je passe au défi suivant (un bol de pâtes normales au souper, une fois par semaine, par exemple).

Le processus peut prendre des mois et même des années, mais une lente guérison est, à mes yeux, plus susceptible d'être une guérison pérenne.

Quid de l'exercice physique ?

Jusqu'à présent nous nous sommes concentrés sur la manière dont un individu souffrant d'orthorexie fait une fixation sur des règles alimentaires, mais comme je l'ai dit au début de ce livre, de plus en plus l'orthorexie inclut « vivre sain » en plus de « manger sain » et ceci implique de considérer le rôle de l'exercice, également. Il y a eu une montée de fièvre à propos du concept de « fitspo », c'est-à-dire inspiration fitness. Devenu le hashtag pour quiconque veut être associé avec l'idée de fitness et de vie saine, cela fait assurément le jeu de l'orthorexique.

Si vous tapez #fitspo dans Instagram, vous trouverez 39 444 157 posts (2017) ; de même, #fitsporation recense 1 170 254 posts (2017). Cliquez sur n'importe lequel et vous serez inondé avec des individus prenant des selfies en tenue de gym, affichant leurs abdos toniques, pratiquant la gym, ou présentant une photo de ce qu'ils supposent être le carburant parfait pour leur exercice. Assez proche du « manger sain », fitspo se fait passer pour une chose ne pouvant être que bénéfique pour vous – mais il y a un danger potentiel dans une telle image du corps « parfait ». Le gourou du fitness, qui est fier de ses tablettes de chocolat et de ses biceps gonflés, n'a pas conscience de l'influence négative qu'il a sur beaucoup de monde.

Dans mon rôle de diététicienne, je travaille avec la crème des athlètes dans de nombreux sports. Je suis une grande adepte de l'industrie du fitness – mais pas quand elle présente de l'information erronée ou de fausses promesses ; tout comme je crois en l'éducation des personnes sur une bonne nutrition, mais pas aux dépens de la santé. Est-ce que ces images de corps « parfaits » encouragent un style de vie sain, ou est-ce qu'ils conduisent à une poursuite obsessionnelle de la perfection qui, chez les personnes vulnérables, peut causer plus de dégâts que de bien ?

Même si la focalisation sur un corps parfait n'est certes pas centrale pour diagnostiquer l'orthorexie, les orthorexiques, comme ceux souffrant d'autres troubles de l'alimentation, ont un récit intérieur négatif en permanence – ils se voient sous un jour négatif ou se persuadent de n'être « pas assez bien », y compris parfois en termes d'apparence physique. Fitspo nourrit le cercle vicieux, validant des sentiments d'inadéquation et par conséquent alimentant le besoin de plus de contrôle, dans la quête d'une pureté et d'une perfection parfaites – *via* la nourriture et l'exercice.

Une recherche publiée dans le journal *Appetite* en février 2017 concluait que les étudiants en science des sports montraient une tendance accrue à l'orthorexie, comparés à ceux qui faisaient des études de business. Détail potentiellement intéressant (surtout considérant que l'anorexie et la boulimie tendent à toucher plutôt les femmes), cette tendance était en fait plus prononcée chez les étudiants en science des sports masculins, que chez la gente féminine. L'étude émit l'hypothèse que cette tendance aurait un impact sur les populations futures, vu que la plupart de ces étudiants envisageaient par la suite de coacher d'autres sportifs, hommes et femmes, influençables. Si un régiment de coachs sportifs a des idées figées sur la nutrition, l'image du corps et l'exercice physique, basées sur les troubles de l'alimentation propres à chacun de ces coachs, cette situation risque-t-elle de se perpétuer par le biais des entraînements et du parcours du coaching ? Les chercheurs concluent que oui, il fallait probablement s'y attendre.

Alors, qu'est-ce qui est venu en premier ? Est-ce que la volonté d'un style de vie plus sain débute par l'exercice, puis s'étend à l'alimentation, et ensuite, une quête de l'alimentation idéale pour, au final, peut-être, se muer en orthorexie ; ou est-ce que, quand les changements nutritionnels ne remplissent pas leurs objectifs de nous rendre sain et pur (ils n'y parviendront jamais car en réalité ils ne sont pas une réponse aux problèmes de l'orthorexique), la personne adopte une nouvelle stratégie et ajoute l'exercice physique aux règles auxquelles elle soumet sa vie ? Est-ce que cela importe ? Dans un cas comme dans l'autre, la nourriture et l'exercice physique seront obsessionnels, destructeurs et démoralisants.

L'exercice dans les autres troubles de l'alimentation

L'addiction à l'exercice physique est une caractéristique de tous les troubles de l'alimentation, pas seulement de l'orthorexie. Dans l'anorexie et la boulimie, ceux qui en souffrent utilisent l'exercice pour renforcer leur contrôle du poids et « remettre à zéro » les compteurs quand ils pensent être tombés du wagon en chemin. De nombreux anorexiques disent qu'ils se sentent comme s'ils ne méritaient pas la nourriture à moins qu'ils ne pratiquent l'exercice physique. Bien que cela prouve un désir de manger, l'accent est mis sur l'exercice comme condition déclenchante pour manger. La quantité d'exercice qui devient le seuil déclencheur pour mériter devient souvent de plus en plus difficile à atteindre, surtout à mesure que la personne s'affaiblit – ce qui engendre un cycle sans fin de malnutrition, de perte de poids et de faiblesse. La réalité derrière tout ça, est que l'anorexique ne se sent pas digne de s'autoriser à manger – point final.

Lié à tout cela, se trouve un sentiment amoindri d'estime de soi. L'exercice physique devient un moyen supplémentaire de purger des sentiments d'inadéquation – comme quelqu'un souffrant d'un trouble de l'alimentation ne se sent jamais assez bien, il ou elle continue de pousser son corps au bord de ses limites afin de se prouver qu'il ou elle en est capable. Seulement voilà, assez n'est jamais assez, et le cycle ne se termine jamais.

De même que des changements diététiques peuvent commencer de façon parfaitement innocente, dans l'orthorexie ce qui débute par une tentative saine de pratiquer l'exercice deux ou trois fois par semaine, graduellement, devient plus punitif. Certains de mes clients viennent me voir quand ils font de l'exercice deux à trois fois par jour. Si un événement social interfère avec leur exercice ou leur régime, l'événement social est supprimé. Partir en vacances et manquer des cours de sport ou des joggings programmés créeront un sentiment de panique. Si la personne ne remplit pas ses engagements de gym, il ou elle croit qu'un désastre s'ensuivra.

Il est très important de souligner ici que, comme dans le cas de la nourriture, tandis qu'une personne qui se préoccupe de sa santé prendra soin de son corps et de sa santé, l'individu orthorexique, lui, devient complètement obnubilé et obsédé au point de détruire sa santé. Quand l'exercice physique devient quelque chose qu'on « doit » faire plutôt qu'on « veut » faire, c'est souvent le signe qu'il y a un problème bien plus grave.

Briser ce cycle destructeur demande du temps et de la patience. Les niveaux d'anxiété associés avec la réduction ou même l'interruption de l'exercice physique, sont exacerbés, causant d'énormes quantités de détresse. Comme lorsqu'on réintroduit des aliments, les étapes pour vaincre cet état d'esprit se doivent d'être minuscules et méthodiques

– jusqu'à ce que le malade finisse par atteindre un point où il accepte l'idée que le monde continuera de tourner même s'il rate un jogging. Autrement dit, échapper à l'orthorexie nécessite (vous l'aviez deviné) de la modération.

Les vieilles habitudes ont la vie dure

J'ai parlé récemment avec deux clientes, en des occasions distinctes. L'une et l'autre sont dans une phase de guérison de leur orthorexie, ayant pris conscience que leurs pratiques nutritionnelles (dans les deux cas, limitant les hydrates de carbone et les laitages) avaient négativement impacté leur santé et leur bien-être. Bien que toutes deux se soient engagées vers le retour à un état de bien-être et d'équilibre, elles ont confessé l'une et l'autre que leurs vieilles habitudes – celles qui les ont maintenues prisonnières du cycle de l'orthorexie – et les soliloques négatifs, avaient beaucoup de mal à partir. Les deux femmes sont parfaitement conscientes des bénéfices de certains hydrates de carbone et laitages pour leur santé à long terme, mais lorsqu'elles mangent de ces aliments, elles éprouvent encore un sentiment de culpabilité et d'échec.

Je suis extrêmement fière de ces deux femmes, parce que même si la culpabilité fait encore surface, elles ont chacune commencé à prendre en main leur avenir. Elles ne sont plus les esclaves de leur maladie, mais leurs chemins vers la guérison seront longs et semés d'embûches et de doutes, et pourtant elles n'abandonnent pas. Je suis ravie qu'elles soient toutes deux venues me voir pour que je les aide à remettre au clair leurs choix nutritionnels ; et toutes deux bénéficient aussi d'un soutien psychologique.

Une attitude saine envers soi-même

Nous avons donc établi que la racine du problème, la raison de ce besoin de trouver un contrôle en limitant ses aliments ou en s'engageant dans un entraînement sportif punitif, est bien plus profonde que la simple composition de votre assiette ou le nombre de fois où vous vous serez rendu au club de sport dans une journée. Elle touche au sentiment de soi-même. L'orthorexie est une maladie mentale : on ne peut pas juste en sortir en claquant du doigt, parce que nous n'avons pas seulement besoin de changer d'attitude envers la nourriture ou l'exercice physique, mais envers notre propre sentiment identitaire. L'éducation relative à la nourriture est certes essentielle, mais elle ne traite véritablement que le symptôme. Pour guérir de n'importe quelle maladie, il faut traiter sa cause première en amont.

Trouver la modération au-delà de la nourriture

Vous savez à présent qu'un de mes mots favoris est « modération ». Toutefois, ceci ne s'applique pas qu'à la nourriture. Une attitude saine envers soi-même implique d'accepter et même de rechercher la modération en toutes choses de la vie, des relations au travail en passant par la famille.

Reprenons notre métaphore de l'ami (voir p. 114). Les extrêmes en matière d'amitié sont souvent incroyablement malsains : d'une intensité exagérée ou condescendante, une amitié qui n'a pas de centre de gravité, pas de cycles, peut être stressante et même destructrice. Au contraire, les amitiés fluides et sans aucun jugement sont celles qui fonctionnent le mieux : voilà des amitiés qui apprécient la modération. Cela ne veut pas dire qu'elles soient nécessairement moins loyales ou moins aimantes qu'une amitié intense, mais juste qu'elles s'accompagnent

d'une familiarité et d'une confiance inconditionnelles qui les rend faciles et saines.
Les mêmes principes peuvent s'appliquer aux attitudes vis-à-vis du travail. Un job qui vous pousse à vos limites au point que vous avez l'impression de devoir vous prouver à vous-même ou vous pousser encore plus ou risquer un sentiment d'inadéquation, n'est pas aussi sain que le job qui s'accompagne de modération : un temps pour travailler et un temps pour jouer.

Alors, même si l'essentiel de ce livre s'est focalisé sur la compréhension et la décomposition de règles alimentaires sans nécessité, en fait se guérir de l'orthorexie commence par la relation que nous entretenons avec nous-même ; et de mon point de vue c'est la chose la plus importante. Être capable de démontrer de l'auto-compassion plutôt qu'essayer constamment de fuir, d'écraser ou de contrôler des sentiments d'inconfort, est un aspect fondamental du processus de guérison.

Si l'orthorexie est une quête de la pureté physique et de la perfection, à quoi la pureté et la perfection ressemblent-elles ? Ce qui est sûr, c'est qu'il est probable que ce que je pense qui me rendrait pure et parfaite soit bien différent de ce que vous prévoyez pour votre propre pureté. Auquel cas, nos parcours vers l'auto-compassion sont très personnels. Ce qui est parfait pour une personne n'est pas la même chose pour une autre.

Toutefois, il y a certains paramètres qui assurément vaudront pour tout le monde. Le premier et le plus significatif est que vous ne pourrez pas atteindre le bonheur ni l'auto-compassion grâce à la nourriture que vous mangez. Quand vous lisez en ligne des affirmations péremptoires selon lesquelles manger d'une certaine manière vous fera trouver l'épanouissement personnel parce que vous guérirez la maladie, améliorerez votre teint de peau, ou aurez plus d'énergie : ce n'est pas vrai.

Il peut y avoir de réels bénéfices physiques à manger un régime bien équilibré (oui, cela se verra sur votre peau, vos cheveux et vos ongles), mais les diverses lubies alimentaires exigeant que vous supprimiez de votre régime une famille d'aliments ne vous conduiront jamais à la perfection physique, et certainement pas au bonheur. Pas le vrai bonheur, le bonheur profondément ancré, pérenne, plein d'amour de soi et de confiance en soi.

Pour cela, vous avez besoin d'apprendre à être à l'aise avec vous-même et ceci veut dire trouver ce qui a déclenché votre manque d'estime de soi. Pour certains, c'est peut-être une expérience négative vécue dans l'enfance – comme une agression ou une relation difficile avec un parent – qui est restée profondément enracinée et inconsidérée pendant de nombreuses années, jusqu'à ce qu'elle resurgisse sous forme d'un trouble de l'alimentation. Pour d'autres, c'est peut-être une rupture ou la perte soudaine et inattendue d'un être cher qui se manifeste à la façon d'une sorte d'échec. Une fois que l'état d'esprit d'auto-dénigrement a pris racine, l'univers entier semble clamer ce dégoût pour vous-même :

« Je n'étais pas assez bien pour ce rôle et c'est pour ça qu'ils m'ont viré. »

Ou « Je n'ai pas fait assez d'efforts pour satisfaire mon associé ; ils méritent mieux ; pas surprenant qu'il/elle ne souhaite plus être avec moi. »

En psychothérapie, les thérapeutes travailleront avec ces personnes afin de comprendre leur histoire puis les aideront à déraciner le récit négatif, à lui substituer un dialogue interne beaucoup plus positif. Apprendre l'auto-compassion est l'une des clés de la guérison d'un trouble de l'alimentation comme l'orthorexie.

Trouver l'auto-compassion

Le terme compassion signifie « souffrir avec » : montrer de la compassion aux autres signifie sentir la souffrance de l'autre personne, être en empathie avec elle et montrer de la chaleur, qu'on se préoccupe d'elle dans le but de soulager sa souffrance. Être plein de compassion envers quelqu'un d'autre signifie lui offrir de la compréhension, de la gentillesse et, si nécessaire, du pardon – ou lui montrer le chemin pour qu'il ou elle se pardonne soi-même. Quand vous ressentez de la compassion pour une autre personne, vous montrez que vous acceptez que la souffrance, l'échec et l'imperfection fassent tous partie de la vie.

L'auto-compassion signifie que vous vous comportez de la même façon envers vous-même. Si vous traversez un moment difficile, échouez dans une tâche, ou remarquez quelque chose que vous n'aimez pas vous concernant, au lieu d'essayer d'ignorer cette douleur et ce malaise ou de vous détester pour cela, vous faites une pause et vous posez la question : « C'est vraiment difficile maintenant, comment puis-je m'apporter du réconfort et du soutien en ce moment ? »

Vous faites cela au lieu de vous juger et de vous critiquer pour les inadéquations ou les défauts que vous avez perçus. Une des choses les plus importantes à propos du fait de montrer de l'auto-compassion est que vous honorez et acceptez ce que veut dire être humain et imparfait. La vie ne va pas toujours dans la direction que nous voulons : chacun de nous fera l'expérience de la perte et de la tristesse dans sa vie ; parfois il nous semble que nous échouons et d'autres fois que nous atteignons nos limites, mais il est important de se souvenir que ce sont là des expériences normales dans une vie normale, et que nous devons faire avec les chemins caillouteux de temps à autre. De plus, la plupart d'entre nous traversent des périodes (plus ou moins longues) où nous croyons que nous ne sommes pas dignes de notre propre amour, ni *a fortiori* de l'amour de quelqu'un d'autre. Mais pourquoi ? Quelle est cette chose que nous attendons de la vie et de nous-même ? Guérir de l'orthorexie réclame d'abandonner la notion que nous devons être parfaits, d'arrêter de fuir nos émotions, de les accepter même quand elles font mal, et d'ouvrir la porte de l'auto-compassion.

Je crois que guérir de l'orthorexie ne nécessite pas seulement de travailler avec un diététicien, mais aussi avec un thérapeute, psychologue ou psychothérapeute. En parallèle de cette aide psychologique professionnelle, j'encourage mes clients à utiliser des exercices simples pour soutenir leur bien-être mental quand ils entament leur chemin vers la guérison, dont la destination est un sens renouvelé de bien-être dans l'identité physique, mentale et émotionnelle. Même si cela peut se manifester dans le fait de manger des repas sains et équilibrés, et dans le relâchement des règles alimentaires, le vrai voyage se termine quand mes clients peuvent faire preuve d'auto-compassion.

Étape 1 : Construisez votre route

J'utilise la métaphore de la route avec mes clients comme un moyen de commencer leur programme pour s'aider eux-mêmes de la façon qui suit :

Votre destination est votre guérison totale, mais pour y parvenir vous devez construire une route avec des signalisations qui vous motivent et des jalons qui vous encouragent à continuer et vous montrent que vous faites des progrès. Qu'est-ce qui vous motive à continuer ? Dessinez une route principale sur une grande feuille de papier (autoriser la route à prendre des courbes de façon à pouvoir vous donner beaucoup d'espace). Le long de cette route principale, documentez les situations ou les personnes qui vous motivent à rester sur la route – ce seront les situations que vous aimez et les gens que vous aimez le plus qui vous aident à vouloir aller bien. Par exemple, vous pourriez dessiner une image d'un cinéma qui représente le fait d'être capable de sortir au cinéma et d'apprécier la compagnie de vos amis. Vous pourriez dessiner un cupcake qui représente le plaisir que vous avez à cuire des gâteaux avec vos enfants ; ou le drapeau d'un pays étranger où vous aimeriez vous rendre en vacances. Essayez de faire de ces situations motivantes des objectifs précis. Ainsi, comme l'orthorexie force à la privation de certains types d'aliments, peut-être pourriez-vous ajouter des jalons pour représenter des objectifs alimentaires qui y sont associés. Peut-être ajouterez-vous un jalon au cinéma qui représente votre capacité à manger du pop-corn ; ou à l'image du four, celui de manger un des gâteaux que vous aurez faits ; ou à l'image des vacances, de manger un croissant pendant vos vacances en France.

De plus, essayez d'ajouter d'autres jalons qui pourraient ne pas être associés aux facteurs motivants de votre voyage. Par exemple, vous pourriez ajouter un jalon auquel vous aurez un dessert, un autre pour manger dehors, un autre pour limiter votre routine sportive d'une session, et un autre pour faire quelque chose de positif pour vous-même qui exprime l'auto-compassion – peut-être vous faire le cadeau d'un long bain dans un jacuzzi, plutôt que d'aller courir. Ou, peut-être, aller courir, plutôt que de rester au bureau quand tous les autres sont rentrés chez eux depuis longtemps.

Tout voyage a des routes alternatives, des détours susceptibles de vous égarer : il est important de savoir reconnaître ces chemins indésirables de sorte que vous puissiez faire halte au carrefour et choisir de rester sur la bonne voie. Dessinez de petites routes latérales s'achevant en impasses, qui vous font sortir de la route principale. Étiquetez-les avec les panneaux de signalisation pour toutes les fausses pistes ou dérapages auxquels vous devez prendre garde. Ne vous inquiétez pas s'ils ne vous viennent pas à l'esprit au début : vous pourrez les ajouter au fur et à mesure qu'ils viendront, pour vous rappeler de ne pas vous laisser avoir par eux plus tard au cours de votre voyage. Par exemple, ce pourrait être le malaise (se sentir ballonné parce que vous avez réintroduit dans votre alimentation quelque chose que vous aviez proscrit), la culpabilité, l'anxiété, la peur, la colère, le ressentiment, ce que les autres penseront de vous.

Maintenant que vous avez construit votre route, gardez-la sur vous ou prenez-en une photo avec votre téléphone de sorte que vous puissiez vous y référer aussi souvent que nécessaire. De toute façon, conservez l'original. Lorsque vous identifierez d'autres points déclencheurs ou d'autres objectifs, ajoutez-les à la route. Ce que vous obtiendrez au final, est un paysage pour vous guider dans votre guérison, qui vous rappellera ce que vous visez et ce que vous devez éviter.

Étape 2 : Pratiquez l'acceptation

Pensez à vous-même comme à un tout – toutes les parties de vous. Les personnes souffrant d'orthorexie tendent à ne se focaliser que sur les traits qu'ils pensent que les autres acceptent, tels que : être attentionné, drôle, joyeux, intelligent, etc. Ils n'aiment pas que les gens voient les aspects de leur personnalité qu'ils ressentent comme représentant des traits de caractère négatifs, comme être sujet à la colère ou à la jalousie, ou être paresseux ou égoïste.

Toutefois, il est important de garder en tête que nous sommes tous constitués de nombreux traits de caractère qui fonctionnent ensemble pour créer notre totalité. Nous devons accepter tous ces traits en nous-mêmes afin d'être capable de poursuivre sur notre route de la guérison. Ainsi, même si vous refusez d'admettre qu'un soir vous aimeriez franchement mieux regarder la télé plutôt qu'aller courir, rappelez-vous qu'un corps en bonne santé a aussi besoin de temps de répit, et que si votre corps vous dit qu'il est fatigué, vous devez vous reposer. Si vous avez tendance à facilement sortir de vos gonds, rappelez-vous que votre réponse émotionnelle aux situations est le signe que vous êtes un être qui ressent les choses avec profondeur et passionnément – un trait de caractère dont vous pouvez être fier.

Étape 3 : Pratiquez le monologue positif

Ceux qui souffrent d'orthorexie ont beaucoup de mal à voir au-delà de l'image de soi négative qui imprègne tout, et du soliloque négatif et critique qui blablate dans leurs têtes. Pour cette raison, je demande souvent à mes clients de pratiquer l'exercice suivant qui vise à réaligner le monologue intérieur négatif en quelque chose de plus positif.

D'abord, écrivez deux listes vous concernant : la première liste devrait comprendre les choses que vous aimez à propos de vous-même, la seconde, les choses que vous n'aimez pas à propos de vous-même (d'après mon expérience, la liste des points négatifs sera vraisemblablement plus longue que celle des points positifs). Mettez ces deux listes de côté, puis identifiez trois personnes dans votre vie qui sont importantes à vos yeux. Sur une nouvelle feuille de papier, écrivez ce qui rend chacune de ces personnes importante pour vous : trouvez au moins trois traits de caractère et soyez précis. Pensez aux traits que vous admirez chez chacune.

Quand vous estimerez avoir correctement couvert leurs points positifs, considérez de quelle façon les traits de caractère de ces personnes se manifestent dans la relation que chacune entretient avec vous. L'objectif est de démontrer que les traits positifs que vous percevez chez autrui existent parce que ces personnes ont une impression positive de vous et répondent d'une manière positive à ce que vous êtes.

Par exemple, vous pouvez écrire les listes suivantes concernant votre meilleure amie :

Attentionnée, tolérante, me fait rire.

Maintenant, regardez votre liste de points négatifs. Supposons que vous y ayez écrit que vous êtes « ne valant rien, pas sympa, de mauvaise compagnie ». Mettez au challenge ce récit négatif.

« Si vraiment je ne valais rien, est-ce que <meilleure amie> ferait preuve de son côté attentionné envers moi ? »

« Si mes défauts étaient vraiment aussi terribles que je le crois, et si j'étais vraiment si peu sympa, est-ce que <meilleure amie> serait vraiment si tolérante avec moi ? »

« Si j'étais vraiment de si mauvaise compagnie, est-ce que <meilleure amie> voudrait vraiment passer du temps avec moi, en s'amusant et en me faisant rire ? »

Pensez à chacun de vos attributs négatifs à la lumière des attributs positifs que vous voyez chez votre amie. Un à un, éliminez-les.

Étape 4 : Séparez vos pensées

Vous pouvez utiliser l'exercice du soliloque positif pour que les affirmations négatives de votre dialogue intérieur deviennent positives, ou pour les supprimer radicalement de vos pensées. Il est important de réaliser que ces pensées négatives ne sont pas votre authentique voix intérieure, mais la voix de votre maladie. J'encourage mes clients à écouter intensément un extrait du dialogue qui alimente leur orthorexie et à le noter par écrit quand il se produit. Ainsi, une conversation avec votre critique intérieure orthorexique peut donner quelque chose dans ce goût-là :

Vous : « Ça me manque vraiment de passer du temps avec mes amis et d'être capable de manger une pizza avec eux. »

Critique intérieure : « Pourquoi veux-tu passer du temps avec eux ? Ne peuvent-ils pas voir le mal qu'ils se font en s'encourageant mutuellement à manger de la pizza ? Ton approche est meilleure que ça. »

Vous : « Je suppose, mais ils ont toujours l'air de s'amuser tellement, à bavarder et à rire, je voudrais m'amuser un peu, moi aussi. »

Critique intérieure : « Mais on s'amuse nous aussi : regarde toutes ces merveilleuses bonnes choses sans gluten que nous allons préparer ; et puis de toute façon, l'amusement entre amis, c'est tellement surfait. Cela ne rime à rien. Ce que nous faisons, c'est te garder pure et en bonne santé – une bien meilleure utilisation de ton temps. »

À travers cet exercice vous pouvez commencer à clairement mettre en mots ce qui se passe dans votre tête. Vu noir sur blanc sur la feuille, vous pouvez séparer votre propre voix rationnelle de la voix qui pilote vos processus mentaux orthorexiques et qui vous éloigne du chemin de la raison. Vous pouvez voir ce que vous voulez vraiment par opposition aux comportements qui représentent la maladie plutôt que vous, la personne. En apprenant à comprendre que ces pensées négatives sont une part de vous, mais aussi distinctes de vous, vous commencerez à voir comment elles peuvent vous rendre malheureux et mal à l'aise. Vous détacher d'elles de cette manière vous permet d'accepter qu'elles se produisent, mais aussi de garder le contrôle, que vous les écoutiez ou non, que vous agissiez dans leur sens ou non. Vous pouvez apprendre à vous distancier d'elles, et même à les ignorer et à les défier.

Guérir est un voyage personnel sans bonne ni mauvaise route. Il vous faudra trouver quelles approches marchent le mieux pour vous. Toutefois, dans mon expérience le meilleur résultat se produit quand, pour commencer, vous êtes prêt à évoquer le changement. Et, deuxièmement, quand vous avez un bon réseau de soutien parmi la famille et les amis. Enfin, je vous conjure de trouver un thérapeute et un diététicien reconnu et de travailler avec eux simultanément : s'attaquer à la fois à la cause et au symptôme est la recette pour une guérison durable.

Cas

Des réponses intérieures, et non extérieures

Quand je travaille avec des patients orthorexiques, mon rôle en tant que diététicienne est surtout de faire entendre la voix rationnelle, que la critique intérieure étouffe avec tant de force ; j'offre une chance d'avancer. En verbalisant ce qui est déjà là mais juste noyé, je peux aider mes clients à entendre leur voix rationnelle plus clairement. Ce qui suit est un exemple tiré d'une conversation que j'ai eue avec une de mes clientes orthorexiques.

Elle avait suivi un régime à base de plantes mais avait aussi écarté le sucre et le gluten. Elle m'avoua que, au départ, elle avait fait cela car elle suivait un blogueur de l'alimentation très connu, et pensait que l'approche de ce blogueur l'aiderait à se sentir mieux dans sa vie ; à se sentir pure. Une des premières confessions qu'elle fit lorsqu'elle entama son processus de guérison fut que les produits laitiers lui manquaient terriblement – mais que ce qui la poussait à les supprimer, au nom de la pureté, était plus fort que tout.

Cliente : « C'est juste que, partout où je vais, tout ce que je vois me rend confuse sur ce qu'il faut faire, ce qu'il faut manger, etc. On voit tant de choses sur pourquoi les produits laitiers sont vraiment mauvais, comme cet article ? Qu'est-ce que vous en pensez ? »

Moi : « Je pense que vous pouvez trouver une raison pour ne pas absorber de nourriture si vous cherchez suffisamment – cela fait partie de votre orthorexie, mais la question que je vous poserais est, qu'est-ce que vous avez envie de manger ? Je lis des articles comme celui-ci et je pense, oui, bien vu, mais ensuite, avant que je décide de passer à l'action, ou que je l'incorpore dans ma pratique, je me demande aussi, en premier lieu, est-ce un article crédible ? Et, deuxièmement, j'aime le fromage, qui est bon pour mes os et pour mes dents, donc est-ce que j'ai vraiment envie de le laisser tomber ça ? »

Cliente : « Ouais, je suppose ; j'adore le fromage moi aussi ! Il n'y a sans doute pas un seul aliment qu'une personne au moins ne pense qu'il faudrait supprimer... Mais il y a tant de pression pour devenir végétalien... La majorité des gens que je connais avec des difficultés alimentaires, du genre de l'orthorexie, sont végétaliens. »

La cliente recherchait mon approbation. Elle n'a pas assez d'estime de soi pour avoir sa propre opinion sur la manière dont elle devrait manger pour nourrir son corps ; ou pour faire confiance à ses propres instincts quant à la nécessité pour elle de manger ou non des laitages. Au lieu de cela, elle a suivi une mode alimentaire en vogue trouvée sur Internet, parce que l'auteur est associé à l'image de celui qui « mange sain » – et est mince et beau, en prime.

Mon rôle est d'aider ma cliente à trouver la résilience intérieure qui boostera son instinct, à se défaire des mailles des mythes sur la nutrition qu'elle a appris au cours des années passées, et à penser à ce qu'elle a envie de manger ou d'éviter et pourquoi, puis à équilibrer son apport nutritionnel en fonction – même si cela implique que je l'aide dans le processus de réintroduire du fromage et des laitages.

4

Croquer l'avenir à pleines dents

Quand les clients avec qui je travaille ont pris la décision d'aller de l'avant et de sortir de l'emprise de l'orthorexie, l'émotion que cela libère est colossale et bouleversante. Je les rassure en leur disant que cela exige une grande force, de réaliser que le chemin qu'ils avaient choisi comme moyen d'aller mieux a produit en réalité sur leur bien-être l'effet exactement inverse. Prendre la décision de défaire les règles sur lesquelles ils avaient fini par structurer leur vie au prix de tant d'efforts, peut être perçu comme un pas en arrière, une faiblesse, mais en réalité cela démontre une force et un courage remarquables.

Cela demande une vraie détermination et un sacré cran de maintenir une maladie telle que l'orthorexie, et de suivre un schéma de comportement (dans ce cas, en suivant des règles alimentaires) à la lettre. Je dis à mes clients que la guérison est le moment pour utiliser cette énergie et se focaliser réellement sur leur santé – se libérant de la peur qui alimente leur maladie pour, à la place, faire l'expérience de se sentir vraiment libre et bien dans sa peau.

Décider de vaincre son trouble de l'alimentation est le premier pas sur la route de la guérison, mais comme je l'ai déjà dit, cette route est longue. Il est très important de vous entourer de soutien émotionnel et psychologique, car la maladie résulte de votre état mental, plus que de votre santé physique. Vous devrez être patient et déterminé afin de vous extraire de vos sentiments d'estime de soi négatifs. Souvent les choses peuvent donner l'impression qu'elles empirent avant de s'améliorer ; une fois que vous avez tiré sur le premier fil, ce détricotage peut sembler un total chaos. C'est pourquoi il est si important de vous assurer que vous avez une aide professionnelle pour vous guider à travers le processus, et un réseau de soutien qui veillera dorénavant sur vous.

Trouver une aide professionnelle

Nous avons déjà vu que la désinformation et le manque de clarté entretiennent la confusion à propos des personnes légitimes ou non à vous aider. Il est très probable que si vous en êtes venu à réaliser qu'il vous faut de l'aide pour vous-même ou un être cher, vous ne vouliez pas demander autour de vous qu'on vous recommande un nutritionniste, et encore moins un expert en santé mentale. Je voudrais terminer ce livre avec quelques conseils et recommandations sur la bonne façon de trouver les personnes qualifiées pour vous aider, de sorte que vous puissiez envisager l'avenir sereinement.

Tout comme c'est le cas pour les autres troubles de l'alimentation, soigner l'orthorexie revient à guérir une personne dans sa totalité : c'est-à-dire qu'il ne s'agit pas juste de faire le ménage dans l'alimentation ou dans l'esprit : nous devons traiter les deux à la fois.

En bref, s'attaquer à l'orthorexie réclame une approche conjointe sous supervision médicale générale pour faire le suivi de l'état de santé physique global ; un nutritionniste ou un diététicien professionnel spécialisé dans les troubles de l'alimentation ; et un professionnel de santé mentale – un psychothérapeute, un psychologue ou un psychiatre. Vous pouvez commencer votre parcours avec n'importe lequel de ces professionnels, qui pourra ensuite vous orienter vers les autres.

Trouver un spécialiste de la nutrition

Si vous êtes parvenu à ce point du livre, alors c'est que vous avez reconnu avoir besoin d'aide pour vous-même ou quelqu'un que vous connaissez. Si je vous ai convaincu à présent d'ignorer les affirmations sans preuve sur les blogs non académiques et dans des articles de presse non scientifique, vous avez franchi une nouvelle étape pour aller mieux (ou pour aider quelqu'un d'autre à aller mieux). Alors maintenant, comment faites-vous pour choisir un nutritionniste ou un diététicien qui vous aidera ?

D'abord, par pitié ne cherchez pas quelqu'un sur Internet – à la place, parlez avec votre médecin praticien et demandez-lui qu'il vous recommande un professionnel certifié proche de chez vous. En France, le titre de **nutritionniste** est protégé et réservé à des médecins qui, en plus des six ans de formation médicale universitaire, ont fait plusieurs années de spécialisation. Les nutritionnistes consultent donc en milieu hospitalier ou en cabinet libéral. Ils sont habilités à prescrire des médicaments, des examens de santé et à poser un diagnostic. Renseignez-vous auprès de votre pharmacien ou de votre médecin traitant, éventuellement auprès d'un centre hospitalier près de chez vous. Une consultation est remboursée à 70 % par la Sécurité sociale.

Le **diététicien**, quant à lui, n'a pas fait d'études médicales et n'a donc pas le titre de médecin. De formation scientifique, il a obtenu en deux années soit un BTS diététique, soit un DUT génie biologique option « diététique ». Son rôle n'est donc pas le même que celui d'un médecin.

Le diététicien vous aidera à équilibrer vos repas, vous conseillera sur le choix de votre alimentation, sur la mise en place d'un éventuel régime, etc. Il consulte en libéral et les consultations ne sont donc pas prises en charge par la Sécurité sociale.

Tableau 4.1.

	Diététicien	Nutritionniste
Est-ce un travail professionnellement reconnu en France ?	Oui.	Oui.
Quelles sont les qualifications requises ?	Bac S, bac STL (Sciences et Technologies de Laboratoire) ou bac SMS (Sciences Médico-Sociales). Puis : • **BTS diététique** en deux années. • **DUT génie biologique option diététique** (2 ans d'études ou +). • Des stages sont effectués durant la formation.	6 ans de faculté de médecine auxquels s'ajoutent plusieurs années de spécialisation poursuivies dans deux filières : • **l'internat de spécialité endocrinologie-diabétologie**, formation la plus généraliste car elle aborde l'ensemble des disciplines relatives à la nutrition. Cursus sanctionné par un diplôme de *praticien spécialiste*. • **le doctorat d'université en nutrition** est plus tourné vers la recherche et, par conséquent, reste souvent plus spécifique que la première formation.
La profession est-elle réglementée par un organisme indépendant ?	Non. Mais le métier de diététicien est sanctionné par un diplôme reconnu par l'État.	Comme tous les médecins, les médecins nutritionnistes relèvent de l'Ordre des médecins et prêtent serment.
Autre chose à savoir ?	Beaucoup de diététiciens travaillent en milieu hospitalier, dans l'industrie agroalimentaire. Un petit nombre consulte en libéral. Attention, ils ne sont pas remboursés par la Sécurité sociale.	Les nutritionnistes travaillent en milieu hospitalier, pour la recherche, des ONG, des associations ou en libéral. Une consultation est remboursée à 70 % par la Sécurité sociale.

Une fois que vous avez choisi entre nutritionniste et diététicien (*tableau 4.1*), établissez une liste de professionnels et renseignez-vous sur leurs domaines d'expertise avant de vous engager. Tous les nutritionnistes et les diététiciens ne sont pas expérimentés ou qualifiés pour travailler avec les troubles du comportement alimentaire, sous-domaine spécialisé de la nutrition qui requiert une formation spécifique prenant en compte les aspects comportemental et psychologique de ces maladies.

J'ai travaillé dans ce domaine depuis plus de 15 ans, et la formation se poursuit et reste intense. J'ai participé à des conférences et suivi de courts modules de cours, de même que j'ai utilisé à la fois la pratique réflexive et la supervision clinique (par un psychologue clinicien) pour améliorer mes connaissances. Cela ne veut pas dire que vous devez absolument trouver quelqu'un ayant autant de formation et d'expérience en la matière, mais une certaine expérience des troubles de l'alimentation garantira que vous obteniez la meilleure aide disponible venant des individus les plus qualifiés.

J'insiste aussi pour rappeler que, bien qu'ayant été supervisée par un psychologue clinicien dans le cadre de ma formation, je ne suis ni psychothérapeute ni psychologue.

Mon rôle principal – et le rôle de tout nutritionniste ou diététicien – est de m'attaquer aux questions concernant les choix d'alimentation et d'aider chaque patient orthorexique à comprendre le lien entre ses émotions et la façon dont il mange. Il ne s'agit pas d'offrir une thérapie, ni du conseil : pour cela, il faut voir un expert en santé mentale (et troubles de l'alimentation) en même temps que le/la nutritionniste. Mon expérience me dit que cette approche combinée conduit aux meilleurs résultats.

Trouver un expert de la santé mentale

Le meilleur conseil que je puisse vous donner est de d'abord repérer les qualifications. Souvenez-vous que l'orthorexie est une maladie et par conséquent, l'aide professionnelle que vous recevez dans le cadre de votre guérison doit venir de protocoles sérieux et appropriés. De nombreux individus qui s'intéressent à la psychologie s'établissent eux-mêmes comme coachs de vie et ils ne sont pas qualifiés pour offrir le soutien approprié dans le cas d'une maladie mentale complexe telle que l'orthorexie.

Par nature, les psychothérapeutes et les psychologues font tous la même chose (utiliser des méthodes et des pratiques spécifiques pour vous aider à guérir sur le plan des émotions et du comportement), mais ils empruntent des approches différentes.

En général, la psychothérapie englobe toutes les thérapies verbales. La psychothérapie, brève ou longue, vise à acquérir une vision des problèmes émotionnels et des difficultés du patient, l'aidant à devenir plus conscient de la manière dont ses expériences passées affectent ses pensées et comportements.

En comparaison, la psychologie consiste en l'étude de la manière dont les gens pensent, se comportent et interagissent. Afin d'obtenir le titre de psychologue, le praticien devra avoir complété un cursus de psychologie.

Alors, quelles sont les différences clés entre les différentes sortes de thérapeutes professionnels, et comment relier cela à votre choix de la bonne personne pour vous aider à guérir de l'orthorexie ?

♦ Psychothérapeute

Depuis la loi de 2010, tout psychothérapeute doit avoir préalablement un diplôme universitaire : être médecin, psychologue, ou avoir un master en psychanalyse. Puis il doit valider une formation entre 200 et 500 heures comprenant pas mal de psychopathologie et un stage de plusieurs mois. Son titre lui est donné par l'ARS (Agence régionale de santé). Le psychothérapeute n'est pas un médecin. Il ne peut pas prescrire de médicaments et ses consultations ne sont pas prises en charge par la Sécurité sociale.

Un **psychothérapeute**, comme un psychanalyste[1], travaille sur l'inconscient, essayant de relier les émotions et les comportements du jour avec des expériences passées, afin d'identifier de quelle façon ces expériences du passé peuvent s'être manifestées dans l'orthorexie. Le fait d'améliorer de cette manière la conscience de soi, et de comprendre comment des choses qui nous arrivent ont des répercussions pouvant influencer d'autres aspects de nos vies, aide à accroître l'auto-compassion. Ceci, en retour, permet au malade d'accroître sa capacité à gérer ses émotions négatives, parce qu'il ou elle comprend d'où elles proviennent et pourquoi il ou elle les a, pouvant ainsi les traiter et y répondre de façon appropriée.

Souvenez-vous que dans l'orthorexie, le but est de purifier le corps, ce que le malade croit pouvoir obtenir par le biais d'un contrôle de sa nutrition. Un psychothérapeute explorera la notion de pureté, et essaiera de comprendre pourquoi son patient ressent que son corps a besoin de purification en premier lieu. Ce peut être un fait survenu il y a longtemps – peut-être un épisode d'agression, ou une relation difficile avec un parent ou un membre de la fratrie, ou un deuil ou une autre perte ayant conduit à un sentiment profondément enfoui de manque

1. Un psychanalyste pratique une psychothérapie appelée « psychanalyse » ; il a suivi une très longue formation personnelle dispensée par une « école psychanalytique » (freudienne, lacanienne, etc.). Le titre de psychanalyste n'est donc pas sanctionné par un diplôme universitaire, même si beaucoup de psychanalystes sont aussi psychiatres ou psychologues.

d'estime de soi – qui a déclenché à son tour un sentiment de ne pas mériter l'amour ou l'empathie des autres. Un psychothérapeute aide son patient ou sa patiente à comprendre que son désir d'être pur est lié à un combat interne psychologique. En effet, ce combat n'est pas vraiment déclenché par, ni même associé à la nourriture ou au fait de manger, mais aux émotions négatives du ou de la malade. Étape par étape, un psychothérapeute aide les individus à changer la façon dont ils se perçoivent eux-mêmes, fournissant les outils pour qu'ils retrouvent leur auto-compassion.

Le psychothérapeute peut travailler en lien avec un diététicien ou un médecin nutritionniste pour mieux cerner comment son patient transfère ses émotions négatives sur des choix de nourriture. Ainsi, par exemple, durant la guérison, un diététicien encouragera le ou la malade à essayer des nourritures qui avaient été placées sur la liste des interdictions. Le chemin de la psychothérapie explore comment cette étape positive – manger quelque chose qui est bon pour soi, mais qui avait été diabolisé à travers la maladie – peut conduire à un sentiment de culpabilité et d'embarras. Non pas parce que cette nourriture serait « mauvaise », mais parce qu'à ce point de la guérison, le ou la malade réalise que manger cette nourriture est une étape positive, mais a le sentiment de ne pas mériter cette étape, ni d'avoir fait quelque chose de bon pour soi. Ensemble, le diététicien et le psychothérapeute aident à entendre les voix rationnelles qui feront comprendre à ces personnes qu'elles méritent ces étapes positives, et en ont besoin, pour briser les règles alimentaires et sauver leur santé.

♦ Psychologue et psychiatre

Un **psychologue** possède un diplôme universitaire obtenu après 5 ans d'études théoriques (attention, tout psychologue n'est pas nécessairement psychothérapeute : psychologue du travail, neuropsychologue par exemple). Les psychologues sont en mesure de pratiquer des tests et des évaluations psychologiques. Ils ne sont pas médecins et ne sont pas habilités à prescrire des médicaments, à la différence des psychiatres.

Les psychologues qui pratiquent en qualité de psychothérapeutes utilisent une combinaison de conseils et de différentes méthodes de psychothérapie.

Un **psychiatre** est un médecin spécialiste des maladies mentales. Il a fait le tronc commun des six ans d'études de médecine puis une spécialisation de quatre ans, incluant de nombreux stages et des études théoriques très poussées. Il peut poser le diagnostic médical d'une pathologie et prescrire des médicaments. Il n'est pas nécessairement formé à la psychothérapie, bien que certains psychiatres soient aussi psychothérapeutes. Renseignez-vous.

Il n'y a pas de règle établie concernant le choix de celui ou celle avec qui vous travaillerez. Ce peut être un psychothérapeute, un psychologue ou même un psychiatre, en fonction de la disponibilité et de l'expertise dans votre région, du fait que tous les thérapeutes ne sont pas spécialisés dans le traitement des troubles du comportement alimentaire. Chose plus importante, vous devez vous sentir parfaitement à l'aise avec votre praticien et être capable de nouer une forme de connexion, de lien.

Développer la confiance

Il est normal que la manière dont vous percevez votre praticien de santé mentale ne soit pas évidente dès votre premier rendez-vous, mais au bout de quelques séances, vous devriez savoir si vous construisez une relation et si vous commencez à vous sentir en sécurité en sa compagnie. Cette relation clinique dans la durée est cruciale pour votre guérison, il est donc important que vous vous sentiez capable d'être totalement ouvert et honnête. Ne craignez pas de changer de thérapeute si quelque chose ne fonctionne pas. Souvent les gens ont peur de devoir tout recommencer à zéro, ou d'offenser le thérapeute avec qui ils ont commencé un travail, mais votre guérison est prioritaire. Un bon thérapeute respectera ce choix.

Stabiliser votre guérison

Une fois parvenu au terme de votre chemin de guérison – lorsque votre nutritionniste et votre thérapeute estiment que vous allez suffisamment bien pour poursuivre le chemin seul –, il est indispensable que vous pratiquiez un travail d'accompagnement qui vous assurera de rester sur ces bons rails durablement. Certaines des suggestions qui suivent vous permettront de réfléchir au travail effectué avec votre diététicien et votre thérapeute ; d'autres vous aideront à continuer le changement de votre récit intérieur, ce qui renforcera chaque jour votre estime de soi.

Accordez-vous du temps pour apprécier

Dans son livre *Positively Primal*, mon amie l'auteure Emma Woolf souligne l'importance et l'art de l'appréciation. Elle recommande d'essayer d'apprécier trois choses par jour. Cela pourrait être la première tasse d'un café bien chaud, la vue depuis la fenêtre de votre chambre, ou ce moment où vous avez fini votre journée de travail, ou bien encore de s'asseoir après avoir rangé, enfin capable de passer à autre chose.

L'orthorexie est une maladie compliquée, étroitement liée à des problématiques d'estime de soi et de valeur personnelle, et il est difficile pour un orthorexique d'accepter de décrocher ; il n'y a pas de répit dans la pression pour rester pur, le fouet claque en permanence et la poursuite de la perfection ôte tout plaisir de la vie. Prendre le temps de s'arrêter, d'apprécier et d'être reconnaissant même pour les choses les plus simples peut aider à faire évoluer l'état d'esprit, petit à petit, en restaurant un sens du plaisir dans la simplicité.

Méfiez-vous des dernières modes alimentaires

Quand vous êtes sur la route de guérison de l'orthorexie, il est important de se rappeler que ce qui est « hyper tendance » aujourd'hui en termes de modes alimentaires sera probablement remplacé par quelque chose de nouveau – et même totalement contradictoire – demain. Rien dans le monde de la pseudo-nutrition ne tient en place. Pourquoi ? Parce qu'aucune mode ou régime alimentaire ne contient la réponse à la perfection émotionnelle et physique – cette dernière (comme nous l'avons dit) ne peut venir que de l'intérieur. Ce point est aussi important pour quelqu'un sous l'emprise de l'orthorexie que pour ceux qui sont au début de leur route vers la guérison et pour ceux qui approchent de la fin de leur voyage ou qui sont revenus au bien-être depuis déjà un moment. Soyez toujours vigilent à ce que quelque chose ne vienne vous entraîner de nouveau, et utilisez l'affirmation positive : vous êtes assez bien.

La force est en vous

Cas

Je parlais l'autre jour à une de mes clientes. Elle va mieux depuis quelque temps, et a pleinement réalisé que son orthorexie l'avait rendue prisonnière. À présent, elle vit la vie au lieu de simplement survivre. Néanmoins, récemment, elle a réalisé qu'elle devenait de plus en plus critique à propos de ce qu'elle mangeait. Elle a remarqué des sentiments de culpabilité et d'anxiété associés à la consommation d'aliments qu'elle avait autrefois décrétés « impurs ».

Son travail avec son psychiatre et avec moi l'avait suffisamment rendue forte pour qu'elle puisse se rendre compte de l'endroit où son esprit était en train de l'entraîner. Elle se demanda pourquoi, et parvint à la conclusion qu'une visite récente et assez longue à sa famille (qu'elle adore voir) avait déclenché de vieux sentiments de n'être pas assez bien. Elle en était presque revenue à son point de départ – se punissant elle-même *via* ses choix de nourriture –, mais sa connaissance de soi lui fit réaliser qu'il était en son pouvoir de dire stop à la rechute.

Cette histoire illustre à quel point il est facile de retomber dans de vieux schémas de pensée et de comportement. Qu'il s'agisse d'une insécurité profondément enfouie ou de la dernière mode alimentaire qui semble attrayante, soyez sur le qui-vive.

♦ Déconnectez-vous des médias sociaux

Je dois admettre qu'en ces temps modernes, les médias sociaux peuvent être un moyen de rester connecté avec vos amis proches ou lointains, alors si vous ne pouvez pas les débrancher complètement, au moins déconnectez-vous de tous ces groupes qui ne vous servent pas (blogs de régimes, blogs de célébrités, sites d'exercice physique, etc.) et faites des médias sociaux uniquement cela : une forme de socialisation avec ceux que vous aimez et que peut-être vous ne voyez pas très souvent. Essayez de vous offrir une détox numérique de temps à autre (sevrage de plateformes numériques sociales). Même juste quelques heures par semaine, ou un week-end entier vous aideront à réaliser qu'il y a beaucoup plus dans la vie que ce qui se passe sur votre écran. Si vous pouvez vous en retirer complètement, encore mieux. Nombre de mes clients ont parlé de l'immense soulagement qu'ils avaient éprouvé lorsqu'ils avaient effacé leurs comptes Facebook,

Instagram, Twitter et Snapchat : ils ne sentaient plus la pression de se conformer à des idéaux qui n'étaient pas réels pour eux.

♦ Pratiquez le yoga

Bien qu'il ne soit pas essentiel pour stabiliser votre guérison, le yoga est une merveilleuse façon d'utiliser son temps d'une façon positive sur le plan mental et physique. Quand des orthorexiques sont aussi devenus obsessionnels avec l'exercice, le yoga procure un effort physique, mais aussi du temps pour réfléchir dans une forme de méditation en mouvement. En vous focalisant sur la respiration et en bougeant *via* des postures, vous devriez trouver que vous créez là une bulle d'espace et de temps qui vous permet de vous poser et vous recentrer sur vous-même.

♦ Soyez bienveillant envers vous-même

Jusqu'au stade où vous avez entamé votre guérison, vous dépensiez d'énormes quantités de votre attention, temps et énergie à manger et à vivre d'une façon particulière – une façon qui n'était pas bonne pour vous. Depuis lors, vous avez redirigé cette énergie dans votre guérison. Maintenant vous devez canaliser cette énergie dans l'apprentissage de l'auto-compassion de chaque instant, en vous remémorant que personne n'est parfait et que rien de ce que vous mangez, buvez ou portez, ne vous rendra tel.

Faites l'effort de vous entourer des personnes en compagnie desquelles vous vous sentez bien avec vous-même, nourrissez-vous de leur positivité, mais rappelez-vous que la positivité elle-même vient de vous. Lâchez-vous un peu la bride. Si vous êtes fatigué, alors reposez-vous. Si vous êtes triste, alors pleurez. Si vous vous sentez seul, alors essayer de joindre un ami. Si vous avez faim, pensez à ce qui vous ferait vraiment plaisir à manger : si c'est du chocolat, alors autorisez-vous à en prendre. Savourez-le ; appréciez chaque bouchée et dites-vous à quel point c'est délicieux. Ne cessez pas de vous féliciter de suivre vos instincts et d'être authentique avec vous-même.

Accroître la prise de conscience : une nécessité

Pour finir, je veux parler de ce que la profession médicale et les chercheurs cliniciens font, et ce qu'ils doivent faire, afin d'inverser la tendance de ce trouble de l'alimentation dangereux.

Au moment où j'écris, une des études les plus récentes (prépubliée en ligne à la fin de mars 2017) conclut que par comparaison avec les autres troubles de l'alimentation, comme l'anorexie et la boulimie, l'orthorexie n'est pas encore considérée avec sérieux dans l'opinion publique – mais comment cela pourrait-il être le cas avec si peu d'informations à son sujet ? L'étude concluait qu'elle est perçue comme un choix de style de vie, plutôt que comme une pathologie mentale : les gens choisissent de manger sainement, plutôt qu'ils se retrouvent victimes d'un besoin compulsif de se punir par le biais de restrictions alimentaires. Pourtant les dangers de l'orthorexie sont très réels – surtout si elle n'est pas encore perçue correctement, comme une pathologie, par ceux qui y sont potentiellement le plus vulnérables. Et c'est ce qu'il faut changer dans l'avenir.

Il est fort possible que l'orthorexie ait existé depuis de nombreuses années, mais, si nous extrapolons les attitudes modernes, il est probable qu'elle ait toujours été ignorée comme choix de style de vie. Repensez à votre propre vie et à vos relations : il se peut que vous ayez connu un ami qui est devenu obsessif avec certaines règles alimentaires, mais vous les avez juste acceptées comme quelque chose qu'il ou elle voulait comme faisant partie de son style de vie. Même si cet ami se retirait de la vie (peut-être le voyiez-vous moins souvent qu'auparavant), vous pouviez avoir interprété cela comme le caractère éphémère des amitiés – après tout, la vie nous emmène dans différentes directions tout le temps. Si nous ignorons quelque chose, s'il n'y a aucune conscience d'un problème éventuel, nous ne réagirons pas aux signaux nous alertant qu'il est là. (Si, en revanche, le même ami s'était littéralement affamé, les sonnettes d'alarme auraient pu sonner ; vous pourriez vous être demandé, est-ce que cette personne souffrirait d'un trouble de l'alimentation ? Parce que vous connaissez déjà et comprenez les principes de base de l'anorexie, par exemple.)

Comme je l'ai mentionné au début de ce livre, décrypter qui souffre est un des aspects les plus difficiles de l'orthorexie, puisque la maladie peut si facilement se draper dans la vertu d'une alimentation saine. Qui peut vraiment contredire quelqu'un qui base l'essentiel de son apport nutritionnel sur la consommation de fruits et de légumes supposés bons pour la santé ?

Recherche clinique

Comme je l'ai déjà dit, l'orthorexie est un phénomène relativement récent, cliniquement parlant, si bien que la recherche dans ce domaine est encore faible. Si vous faites une recherche à Orthorexia dans PubMed (le site web qui catalogue les découvertes et articles de recherche médicale), vous ne trouverez que 65 articles de journaux, dont la majorité des recherches ont été conduites au cours des quelques dernières années. Mais les temps changent : notre prise de conscience s'accroît et de plus en plus de chercheurs sont en train de réaliser que nous avons besoin de mener plus d'études scientifiques dans ce secteur de la santé important et en plein essor.

Ceci dit, l'orthorexie reçoit actuellement un immense intérêt, qui produit de nouvelles aires de recherche qui se concentrent sur l'épidémiologie, les facteurs de risque potentiels, les options de traitement, et les issues.

Le test de l'orthorexie : trouver un outil de diagnostic

La question de savoir s'il est possible ou non de disposer d'un outil de diagnostic (un test, pour faire simple) adapté à l'orthorexie, fait encore l'objet de controverses. Alors que le Dr Steven Bratman (voir p. 21) a proposé initialement une grille d'évaluation en dix points pour mesurer l'orthorexie, une alternative circule aujourd'hui sous le nom d'ORTO-15. J'ai choisi de ne pas reproduire le test dans ce livre car il fait l'objet d'un important débat. Il pose 15 questions basées sur l'interprétation de schémas de comportement en lien avec la nourriture. Certaines questions se rapportent à la préoccupation des calories, à l'évaluation du caractère « sain » de la nourriture, aux ressentis et aux pensées concernant la nourriture, et à la manière dont nous relions la nourriture à notre apparence et à notre sentiment de bien-être. D'autres questions demandent si nous sommes prêts à dépenser de l'argent pour ce que nous percevons comme étant des nourritures saines, ou de quelle façon la nourriture est associée à notre sociabilité.

Chaque question est notée de 1 à 4 selon qu'elle vous concerne toujours, souvent, parfois, ou jamais. Les notes sont additionnées puis s'ensuit une analyse de l'orthorexie, des tendances orthorexiques, ou des attitudes saines envers la nourriture. Le problème est que la population échantillonnée, l'humeur, le pouvoir d'achat, et tant d'autres facteurs très variables peuvent impacter le résultat. De plus, beaucoup de ces questions ne sont pas spécifiques à l'orthorexie et ne sont donc pas assez précises pour produire un diagnostic sûr.

Il est maintenant couramment accepté que nous ayons besoin de mieux. Avec l'essor du nombre de cas et la prise de conscience grandissante que l'orthorexie existe, concevoir un outil de diagnostic que les cliniciens peuvent employer de manière universelle est une priorité dans l'agenda. Au moment où j'écris, le Dr Bratman et son collègue Thom Dunn ont récemment lancé une initiative pour collecter des données qui pourraient leur permettre d'améliorer ORTO-15, peut-être en le réduisant plutôt qu'en le gonflant, pour donner un outil de diagnostic plus précis. Seulement lorsque nous serons en mesure de diagnostiquer plus précisément l'orthorexie en tant que condition médicale, pourrons-nous espérer qu'elle devienne officiellement reconnue comme trouble du comportement alimentaire dans le DSM-5 (voir l'encadré p. 23).

S'attaquer au problème des médias sociaux

J'ai conscience qu'il est facile de blâmer les médias sociaux pour l'augmentation des risques de troubles du comportement alimentaire tels que l'orthorexie. Toutefois, depuis que j'ai commencé à traiter des patients souffrant de cette pathologie, c'est devenu ma conviction que les médias sociaux, et ceux qui postent des images d'eux irradiant la bonne santé et la perfection pour illustrer des conseils de nutrition que ne soutient aucune expertise nutritionnelle, sont largement responsables. Globalement, les statistiques montrent que moins de 1 % de la population souffre d'orthorexie (en se rappelant, toutefois, que ces statistiques pourraient être biaisées par les difficultés inhérentes à reconnaître et diagnostiquer cette pathologie). Pourtant, un article de recherche publié en mars 2017 a spécifiquement recherché un lien entre la tendance à l'orthorexie ou à un état d'esprit orthorexique, et l'utilisation d'Instagram. Les chercheurs ont trouvé que, dans la cohorte des plus de 600 participants, presque la moitié des gens (49 %) qui répondirent à un sondage en ligne montraient des attitudes et des comportements caractéristiques de l'orthorexie. Quand moins de 1 %

de la population générale montre ces tendances, l'influence des médias sociaux semble ici l'évidence même.

En tant que diététicienne certifiée et praticienne de la nutrition contrôlée, je suis passionnée par l'éducation des gens sur la vraie valeur d'une bonne alimentation équilibrée. Je souhaite que dans le futur, quiconque veut des conseils diététiques se rende sur des sources scientifiques crédibles, et frappe à la porte d'experts certifiés plutôt que de s'en remettre à des pseudo-nutritionnistes qui, souhaitant seulement partager leur histoire chanceuse, par inadvertance, font que d'autres s'égarent et se méprennent.

Toutes les études scientifiques crédibles examinent des groupes de population importants, et testent des théories nutritionnelles particulières. C'est de cette façon que les diététiciens et nutritionnistes certifiés savent quels conseils donner à leurs clients. Ce n'est pas même une histoire de regarder les études publiées et d'en tirer ses propres conclusions (même si c'est toujours mieux que de lire des informations diététiques non qualifiées et non fondées) – après tout, toutes les recherches ne sont pas équivalentes. Pour être vraiment tranquille, vous devez rencontrer ou discuter avec quelqu'un qui possède les bonnes qualifications pour pouvoir évaluer un article avec un œil critique, et comprendre ses données à la lumière d'autres ensembles de données scientifiques déjà en circulation.

Savoir à qui faire confiance

De façon intéressante, la réaction au « manger sain » semble avoir commencé avec nombre des promoteurs d'origine de ce style de vie, prenant leurs distances avec leurs propres affirmations. Cela n'annule pas les dommages qui ont été causés, bien sûr, mais en revanche cela commence à redresser l'équilibre pour le futur. Mon espoir est que ces personnes qui ont fait confiance aux blogueurs et autres instragrammeurs dans le passé réaliseront maintenant que tous les conseils qu'ils ont lus en matière de régimes et de styles de vie ne méritent pas d'être adoptés ; et que toutes les images qu'ils ont vues n'étaient « réelles » en vérité (voir p. 41-43).

Des images et des messages rendus glamours sont difficiles à inverser, mais ce n'est pas impossible. Les vrais experts ont juste besoin de faire entendre leur voix. Les nutritionnistes et diététiciens professionnels réalisent un travail précieux afin d'aider le public à se rééduquer sur ce que veut vraiment dire une alimentation saine. Des blogs, des articles et des livres par des personnes comme Bee Wilson, le Chef en Colère (*alias* Anthony Warner), Fight the Fads, et le projet Rooted, commencent à attirer un bon « following » à mesure que le bruit se répand que tout ce qui brille n'est pas de l'or. Leur audience n'atteint pas tout à fait le nombre de followers que vous voyez sur les blogs de célébrités et comptes Instagram, mais les choses progressent. Nous devons juste continuer d'accroître la prise de conscience.

S'il y a un message très important que je voudrais faire passer, c'est celui-ci : prenez garde aux sources où vous puisez votre information. Rappelez-vous que n'importe qui peut s'autoproclamer nutritionniste, mais qu'il n'y a que ceux qui ont une licence ou une maîtrise en Diététique ou Nutrition, qui sont certifiés et reconnus, qui vous apporteront une information fiable sur l'alimentation et la nutrition. Mon plus grand espoir pour le futur est que ces personnes – et tout particulièrement les adolescents – commencent à réaliser que les médias sociaux sont juste un instantané d'un moment qui passe ; ce n'est pas la réalité et personne ne devrait utiliser leurs compteurs de clics comme un baromètre de leur fiabilité.

Bien sûr, toute personne ayant une tendance à l'orthorexie fera plus probablement confiance à une source d'information non fondée qu'à quelque chose qui a été bien étudié scientifiquement, mais ceci ne valide pas leurs propres comportements. Souvenez-vous, toutefois, qu'être bon pour vendre une idée ou une théorie que vous avez, ou une pratique qui marche pour vous, ne fait pas de vous un expert en ce domaine. Les nutritionnistes et les diététiciens certifiés sont les experts académiques – ça peut ne pas sembler très sexy, mais vous savez, le sexy est rarement ce qu'il prétend être.

Un dernier mot

En 2016, on m'a invitée en tant que diététicienne professionnelle et clinicienne certifiée des sports, à participer à un jury du Festival de littérature de Cheltenham. On attendait de moi que j'expose une perspective scientifique et académique de la notion de « manger propre ». Les autres jurés étaient Bee Wilson, un historien de l'alimentation et auteur hautement respecté, et une blogueuse de l'alimentation renommée et à succès, qui avait connu un changement radical de sa santé qu'elle attribuait aux changements dans son alimentation.

Ce fut un début intéressant et animé, et je fus surprise de constater comme des membres récalcitrants du public préféraient croire les données anecdotiques que les données scientifiques. Cela me montre sans ambiguïté que nous cherchons tous un remède miracle et que nous le voulons à n'importe quel prix et à l'encontre de la raison. Quand quelqu'un offre ce remède – peu importe si cette personne possède ou non des preuves en sa faveur autres que son expérience personnelle –, nous voulons y croire. Et nous n'aimons pas quand quelqu'un d'autre nous dit que la science prouve le contraire.

Le terme « alimentation propre » apparaît souvent dans les blogs et les livres comme un synonyme pour « alimentation saine ». Pour moi, manger propre est un terme dangereux. Il implique que manger de toute autre façon est de quelque façon non propre. Ainsi que je l'ai déjà dit, je définis l'alimentation saine comme une alimentation sans restriction : tout mais en modération. Je réalise que ce n'est ni sexy ni innovant, et je réalise que c'est probablement la dernière chose que quiconque cherche un miracle nutritionnel veut réellement entendre. Mais, parfois, c'est le chemin évident et sans danger qui nous conduit là où nous voulons aller.

Je ne pense pas que la nourriture et les régimes fitness causent des troubles de l'alimentation – un trouble de l'alimentation est une maladie mentale multifactorielle très complexe. Toutefois, ceux qui souffrent d'orthorexie suivent des règles alimentaires, et « manger propre » – que cela se manifeste sous forme de sans gluten, de sans laitage ou sans sucre, ou tout autre chose – dicte des règles. Quasiment chaque personne sujette à un trouble de l'alimentation avec qui j'ai travaillé – jeune, âgé, homme, femme, athlète, non-athlète – évoque les règles qu'il suit. Et quand ceux qui établissent les règles sont jeunes, beaux, à succès et filiformes, la motivation à les suivre pour atteindre la perfection est trop tentante pour qu'on lui résiste.

Je persiste et signe en disant qu'être en bonne santé n'est pas juste une affaire de nourriture ; c'est aussi un état d'esprit. J'espère que vous-même qui en souffrez ou connaissez quelqu'un qui en souffre, aurez appris dans ce livre que la vie n'a pas besoin d'être vécue selon des règles alimentaires, et qu'une évolution de la manière de penser, un relâchement de la pression qu'on s'inflige soi-même et d'attentes irréalistes, peuvent avoir un effet largement positif sur la santé et le bien-être – d'une manière que les vieilles règles ne peuvent produire. De plus, quand nous supprimons le plaisir de manger et le remplaçons par de la peur et de l'anxiété, nous avons tous de bonnes raisons de nous inquiéter.

J'essaie d'enseigner à mes filles et à mes clients que les chemins les plus efficaces vers le succès et le bien-être sont l'acceptation de soi et l'estime de soi. Ces dernières ne viennent pas en mangeant d'une certaine façon ou selon un certain rituel : c'est lorsqu'on se trouve assez bien tel que l'on est que l'estime de soi peut advenir.

Ressources

Il y a des limites à ce qu'un livre peut faire : se guérir d'une maladie, et plus particulièrement une maladie ayant des effets psychologiques, est personnelle et unique à chaque malade. Si vous pensez que vous-même ou l'une de vos connaissances souffre de l'orthorexie, prenez contact avec l'une ou l'autre des organisations dont les noms suivent, qui seront capables de vous conseiller sur les façons de recevoir le meilleur traitement et de commencer votre chemin de guérison.

En France

FFAB – Fédération Française Anorexie Boulimie

www.anorexieboulimie-afdas.fr

Anciennement AFDAS-TCA, cette association regroupe dans un annuaire national les professionnels du soin, de la prévention, de la formation et de la recherche dans le domaine des troubles du comportement alimentaire.

Association Autrement

www.anorexie-et-boulimie.fr

Cette association offre un soutien aux personnes touchées par les troubles alimentaires ainsi qu'à leurs proches, dans une démarche pédagogique d'information sur la nutrition. Elle propose des interventions de prévention dans les collèges et lycées, et se donne aussi pour mission de former les professionnels de santé aux TCA (une plateforme e-learning est accessible depuis le site).

Enfine

www.enfine.com

Cette association d'écoute et d'entraide autour des troubles du comportement alimentaire se compose de psychologues, psychothérapeutes, d'accueillants formés à l'écoute ou de personnes partageant les valeurs et objectifs d'Enfine. L'association propose des permanences téléphoniques, des groupes de parole et ateliers corporels et dispose d'un forum sur son site internet.

Au Royaume-Uni

Anorexia and Bulimia Care (ABC)

www.anorexiabulimiacare.org.uk

Association caritative qui dispose d'une permanence téléphonique pour quiconque est en lutte, ou se préoccupe pour quelqu'un, avec toute forme de trouble du comportement alimentaire. L'association fournit aussi une formation et un enseignement pour les écoles, universités, lieux de travail, et les caisses de sécurité sociale. Chaque novembre ils ont un mois d'action pendant lequel ABC fait campagne pour l'accès à de meilleures ressources pour aider à comprendre et à combattre les troubles alimentaires. Le mois d'action a été lancé aux Chambres du Parlement, depuis les quatre dernières années.

BEAT

www.b-eat.co.uk/support-services

Association caritative des troubles de l'alimentation qui offre ses services par téléphone la plupart des soirs de la semaine. L'association offre aussi une éducation et un soutien et continue à faire progresser la conscience sur les troubles de l'alimentation.

Student Minds

www.studentminds.org.uk

L'association caritative de la santé mentale des étudiants britanniques propose des groupes de soutien au cœur des campus universitaires, couvrant un spectre de problèmes liés à la santé mentale, dont les troubles du comportement alimentaire.

Trouver une aide professionnelle

Comme je l'ai dit dans ce livre, le mieux est que vous parliez à votre médecin praticien pour qu'il ou elle vous recommande un conseiller, psychologue, psychothérapeute ou diététicien certifié et qualifié dans votre région. Si vous voulez vérifier la liste qu'on vous aura proposée, vous pouvez utiliser les liens suivants, qui sont un répertoire fiable de praticiens qualifiés de la santé mentale et nutritionnelle au Royaume-Uni.

Trouver un diététicien

www.bda.uk.com/improvinghealth/yourhealth/finddietitian

Trouver un nutritionniste certifié

www.associationfornutrition.org

Trouver un conseiller psychologue

www.counselling-directory.org.uk

Trouver un psychologue

www.bps.org.uk/psychology-public/find-psychologist/find-psychologist

Trouver un psychothérapeute

www.psychotherapy.org.uk

Aux États-Unis

Aux États-Unis les prestations et les soins dans le domaine de la santé varient énormément selon l'État, et les régulations changent avec le temps. Si vous êtes préoccupé pour vous-même ou quelqu'un que vous connaissez, parlez à votre médecin traitant, et parlez aux agences qui sont situées près de chez vous. Les ressources qui suivent sont un tremplin pour ces services.

National Eating Disorders Association (NEDA)

www.nationaleatingdisorders.org

NEDA soutient les personnes et les familles affectées par les troubles de l'alimentation, et est le principal organisme à but non lucratif dans ce domaine. Leur permanence téléphonique est une première étape utile pour quiconque est préoccupé par un trouble de l'alimentation.

Alliance for Eating Disorders Awareness (The Alliance)

www.allianceforeatingdisorders.com

Cette agence vise à relier les personnes cherchant une aide pour les troubles de l'alimentation avec des ressources et une information pour les aider dans leur guérison. Ils offrent des ateliers et des conférences, des groupes de soutien gratuits ouverts à ceux qui souffrent et à leurs proches, des actions en faveur d'une législation sur les troubles de l'alimentation et de la santé mentale, un numéro gratuit pour une assistance téléphonique, et des services de référence, de soutien et d'encadrement.

Eating Disorder HOPE

www.eatingdisorderhope.com

Cette association de tutelle apporte de l'espoir, de l'information et des ressources aux personnes ayant diverses pathologies de l'alimentation, aux membres de leur famille, et à ceux qui proposent des soins. Elle peut vous recommander auprès d'organisations et de services associés aux troubles de l'alimentation dans votre État.

Notes

Remerciements

Ce livre a été un vrai travail d'amour. C'est un livre que j'ai voulu écrire depuis si longtemps et je suis très reconnaissante à Watkins Media et Nourish Books de m'avoir soutenue et encouragée sur ce projet. À Bee Wilson pour m'avoir écrit une préface, merci (je vous recommande le formidable livre de Bee – *This is Not a Diet Book* – qui explore la raison pour laquelle les régimes et les modes ne fonctionnent pas.) Il y a une personne que je dois remercier plus particulièrement au sujet de ce livre, c'est ma brillante éditrice Judy Barratt. Sans ta patience et tes conseils, ce livre n'aurait sans doute pas vu le jour, alors merci d'avoir été si formidable.

Un immense merci à mes magnifiques filles, Maya et Ella, qui me gardent les pieds sur terre et qui me rappellent à intervalles réguliers, pendant que je suis en train d'écrire, qu'il faut respirer et sortir notre épagneul Bailey pour une grande promenade ou une course.

Merci à mes parents et à ma sœur pour faire ce que les familles font de mieux.

Un immense merci à mes amis extraordinaires qui m'ont soutenue tout au long de ce voyage, me rappelant l'importance, la pertinence et la nécessité d'un tel livre, surtout dans les moments où je me suis interrompue. Certains d'entre vous ne peuvent pas ne pas être nommés : alors merci Holly, Sarah, Pete, PM, Dom, Lizzie, Dee, Claire, Eloise, Amy, Ewen, Nick, Philippa et Alison.

Un dernier merci à la Directrice Générale de l'association caritative ABC, Jane Smith, pour son travail sans relâche au sein de l'association et pour piloter une si brillante équipe d'individus, qui aident chaque jour les personnes souffrant de troubles de l'alimentation.

À propos de l'auteure

Renee McGregor BSc (Hons) PGDip (Diet) RD PgCert (Sportsnutr) est diététicienne et nutritionniste, accréditée par le registre du Conseil des professions de la santé, des sports et de la nutrition (SENr). Armée d'années d'expérience et d'expertise en nutrition des sports, elle conseille les athlètes de tous niveaux – amateur, professionnel et olympique. En 2016 elle a participé aux Jeux Paralympiques de Rio en encadrant les athlètes d'escrime et de basket en fauteuil roulant, et il lui tarde de s'impliquer dans le cycle de Tokyo en 2020.

Le domaine d'expertise clinique de Renee concerne les pathologies de l'alimentation. Elle offre son soutien et son conseil à tous, avec un pont vers la nutrition des sports. Elle dirige la nutrition clinique à ABC (Anorexia and Bulimia Charity), au Royaume-Uni. Elle a donné des conférences, été jurée dans le « Clean Eating Debate » au Festival de littérature de Cheltenham, invitée sur des radios et dans des podcasts, et écrit des blogs invités et des articles pour des publications nationales. Renee est aussi l'auteure de *Training Food*, *Fast Fuel: Food for Triathalon Success* et *Fast Fuel: Food for Running Success* chez Nourish.

Table des matières

Index

E

F

G

H

I

L

M

N

O